Les Jours heureux sont devant nous

FABIEN ROUSSEL

AVEC LA COLLABORATION DE LAURENT WATIEZ

LES JOURS HEUREUX SONT DEVANT NOUS

DE LA PRÉSIDENTIELLE À LA RECONSTRUCTION DE LA GAUCHE

le cherche midi

Du même auteur
au cherche midi

Ma France, heureuse, solidaire et digne, 2021

Laurent Watiez, ancien journaliste à *La Voix du Nord*, travaille aux côtés de Fabien Roussel depuis 2017.

Vous pouvez consulter notre catalogue général
et l'annonce de nos prochaines parutions sur notre site :
www.cherche-midi.com

92, avenue de France
75013 Paris

Conception graphique : Justine Dupré
Composition : Peter Vogelpoel
Dépôt légal : mars 2023
ISBN : 978-2-7491-7577-5

AVANT-PROPOS

Après douze mois de campagne électorale intense, j'avais envie de raconter ces jours, ces nuits, les coulisses, les émotions, et de livrer quelques analyses. Elles sont tout à fait personnelles.

Je me rappelle un déjeuner avec Marie-George Buffet, au printemps 2021, quand les adhérents du PCF débattaient de l'opportunité de présenter une candidature à l'élection présidentielle. Je m'en souviendrai longtemps. J'ai une grande estime pour Marie-George et je tenais à avoir son avis, celui d'une ancienne secrétaire nationale, toujours députée à ce moment-là, qui a aussi été la dernière candidate communiste à se présenter à une élection présidentielle en 2007. Ses mots furent directs, francs, emplis de sincérité. Elle s'inquiétait pour le parti, se demandait s'il était encore capable d'animer une telle campagne et comment il allait en ressortir. Mais elle s'inquiétait aussi pour moi, ma famille, mon entourage. Elle m'avertit sur l'impact personnel d'une telle élection dont elle-même avait souffert : « C'est terrible », « dur », « on ne s'en remet pas », « tu vas t'abîmer », « on n'en sort pas indemne ». Après cet échange, j'étais ébranlé. Comment allais-je sortir de cette épreuve si les communistes choisissaient de présenter un candidat ? J'étais moi-même convaincu de l'intérêt d'une telle candidature, mais j'ai abordé cette période en ayant tout cela en tête.

C'est peut-être la raison pour laquelle j'ai voulu, dès le début, créer toutes les conditions pour prendre du plaisir dans la campagne, tout en me protégeant. Je n'ai pas voulu y aller à reculons, avec crainte. Au contraire, j'ai tenu à avoir un large soutien de mon parti et à en faire un moment heureux et non un temps de souffrance. J'ai partagé cet état d'esprit avec Dorothée, ma compagne, avec nos enfants. Mais aussi avec tout le monde, avec l'équipe de campagne, les secrétaires fédéraux comme les militants, pour que nous nous engagions dans cette longue séquence électorale avec responsabilité, avec bonheur, le sourire aux lèvres. C'est pour cela que nous avons retenu « Les Jours heureux » comme slogan officiel.

Certes, nous avons présenté notre programme, nos convictions avec force, sans rien lâcher, mais nous avons aussi célébré la vie, le plaisir, l'humour, la bonne bouffe, les apéros. J'ai défendu ce principe dans les meetings, dans mes rencontres avec les Français, pendant ces longues journées durant lesquelles la guerre, l'épidémie faisaient l'actualité. Avec Ian Brossat, directeur de campagne, nous voulions être bienveillants, chaleureux, sans pour autant reculer sur nos idées.

Bien sûr, il y a eu des coups durs, des coups bas, des moments de joie, des larmes de bonheur. Vous trouverez tout cela dans ces chapitres, où je me livre, où je raconte aussi comment l'équipe de campagne, la direction du parti ont travaillé durant ces douze mois, jusqu'aux élections législatives. Cette transparence, je la dois aux électrices, aux électeurs, aux curieux, aux Français, mais aussi aux adhérents du Parti communiste français. Ils ont été incroyables, tellement présents, imaginatifs et combatifs à la fois. Je suis si fier d'avoir été leur candidat. Ils méritent aussi ce moment de vérité.

En racontant tout cela, je souhaite simplement continuer à tisser ce lien étroit qui s'est noué avec les Français au fil d'une campagne qui m'a transporté partout. Beaucoup ont apprécié ma sincérité. Je leur dois donc de tout livrer, avec respect. N'est-ce pas comme cela aussi que nous arriverons à réconcilier les citoyens avec la politique ?

Aujourd'hui, les élections sont passées. Le PCF, mon parti, avec ses adhérents, que je rencontre toutes les semaines, reste solide, beau, toujours aussi généreux, porté par son idéal de justice, de fraternité humaine. De mon côté, pas de casse non plus. Certes, la fatigue était là. Pour nous toutes et tous. Le résultat a provoqué l'abattement. Les victoires, les défaites, les déceptions des législatives ont fait l'objet d'un bilan plutôt contrasté. Je raconte tout cela, en commençant d'ailleurs par ma circonscription et les élections législatives, dans ma belle ville de Saint-Amand-les-Eaux, qui m'a permis d'être réélu député en juin 2022.

Je suis reparti sur les routes dès le mois d'octobre, tout de suite, pour entamer un nouveau tour de France à la rencontre des Français. Je voulais échanger avec eux sur les solutions à la crise, suivant un format différent, loin des grands meetings, dans la proximité.

À cause d'un président de la République qui s'entête à gouverner tout seul, à coups de 49-3, à défaut d'avoir une majorité absolue à l'Assemblée nationale, la démocratie est durablement abîmée. Et les problèmes de la France persistent, s'aggravent. Pourtant, d'autres choix sont possibles pour restaurer notre souveraineté énergétique, industrielle, alimentaire, pour la transition écologique, pour réveiller la démocratie, pour faire vivre nos belles valeurs d'égalité et de fraternité entre les êtres humains.

Non, on ne sort pas indemne d'une telle séquence électorale. Mais, à l'arrivée, je nous sens plus forts, plus solides, prêts à repartir au combat, au service de notre bel idéal. À toutes celles et à tous ceux qui ont apporté leur contribution à cette formidable campagne, aux adhérents du PCF, aux élus, aux compagnons de route, aux soutiens, aux électeurs, aux curieux qui m'ont encouragé, même s'ils n'ont pas voté pour moi, merci ! Mille mercis !

À ma compagne, Dorothée, et à mes enfants, solides comme des rocs, toujours pleins d'humour et de soleil dans les yeux, merci aussi, car sans vous je n'aurais peut-être pas tenu le choc !

Je suis convaincu que tous nos efforts paieront. Les Jours heureux sont toujours devant nous.

CHAPITRE 1

Une victoire dans le Nord mais beaucoup d'interrogations

Une campagne législative sous la menace du RN

Dimanche 19 juin 2022. Dans quelques minutes, je serai fixé. Une trajectoire de six semaines, aux allures de long sprint, s'achève ici, rue Henri-Durre à Saint-Amand-les-Eaux. Notre local, point de ralliement de tant de rendez-vous enfiévrés, déborde de chaleur humaine. Je suis entouré d'amis, de militants, de proches, de maires de la circonscription, d'anonymes et curieux, de membres de ma famille, tous rassemblés dans l'attente des résultats du second tour des législatives. Comme moi, ils oscillent entre une sourde inquiétude face à la menace du vote extrémiste et la confiance née d'une campagne menée sans temps mort.

Depuis la présidentielle, je n'ai pas eu un moment pour souffler. Le péril est bien trop grand pour s'autoriser le moindre relâchement. La circonscription dans laquelle je suis élu est en effet l'une de celles où le Rassemblement national réalise aux élections présidentielles ses meilleurs résultats.

J'avais bien senti que c'était chaud pendant la campagne. Ce fut brûlant. Il n'y avait donc pas un moment à perdre avant de repartir à la bataille, aussi éreintante qu'ait été la course à l'Élysée. D'autant que mes adversaires, eux, ne m'ont pas attendu avant de se lancer. Le temps presse lorsque je me déclare candidat aux législatives, trois jours après l'élection d'Emmanuel Macron.

Malgré les nombreuses sollicitations médiatiques à Paris, je décide de rester à Saint-Amand-les-Eaux, où de toute façon je n'ai jamais cessé d'agir au service des habitants. La décision n'est pas toujours bien comprise, tant ma réélection, aux yeux de certains observateurs, ne semble pas poser de problèmes. Je suis loin de partager cet avis. Dans ma région, où le sentiment d'abandon est omniprésent, le discours de Marine Le Pen fait mouche. Au second tour de la présidentielle, la représentante du Rassemblement national a recueilli dans les Hauts-de-France 1,5 million de voix (1 507 847), soit 52,13 % des suffrages exprimés. C'est 492 728 voix de plus qu'au premier tour mais aussi 176 586 voix supplémentaires par rapport au second tour de 2017. Elle termine en tête dans 4 départements sur 5 (contre 2 à l'issue de la précédente présidentielle), seul le Nord continuant à résister. Dans certaines communes rurales, dans l'Aisne et la Somme notamment, les scores dépassent largement les 60 %. Ma circonscription n'échappe pas à la tendance, loin de là.

Le 10 avril, Marine Le Pen et Éric Zemmour y ont recueilli 43,70 % des votes exprimés au premier tour de l'élection présidentielle. Au second tour, dans son duel face au candidat Macron, Marine Le Pen a atteint le record de 60,04 %, avec des pointes entre 65 % et 70 % dans certaines communes ! Elle était en tête dans 20 des 26 communes concernées.

En vingt ans, la progression est sidérante. En 2002, Jean-Marie Le Pen se contentait de 21,89 % dans le Nord-Pas-de-Calais et plafonnait à 23,88 % en Picardie. Désormais, ses idées s'imposent partout où la crise rejette des familles entières dans la précarité, rongées par le déclassement et la crainte d'un avenir sans issue. Face à un tel constat, la tentation du repli sur soi, le rejet de l'étranger et la défiance envers les « politiques » font des ravages. À la rancœur succèdent, parfois, la haine, le racisme. C'est en tout cas ce que je constaterai dès les premières rencontres en porte-à-porte.

Battre Macron à tout prix : la rente du RN

Très vite, avec ma suppléante, Mathilde Valembois, professeure des écoles, nous mesurons la force du rejet dont fait l'objet le président de la République, pour sa politique et même pour sa personne. Tous les jours, nous allons sur les marchés, dans les cafés, dans les maisons… Partout, le ressentiment est largement majoritaire. Les mauvais coups portés au monde du travail, aux retraités, aux étudiants, le mouvement des Gilets jaunes… Tout cela a laissé de profondes cicatrices, une colère enracinée, menaçante, comme autant de feux mal éteints. Lors d'un porte à porte, à Beuvrages, près de Valenciennes, une aide à domicile me reçoit chaleureusement :

« Ah, monsieur Roussel, je suis très contente de vous voir. Votre programme pour la présidentielle, Les Jours heureux, était très bien. Mais comme j'ai vu dans les sondages que vous ne passeriez pas, je n'ai pas voté pour vous. » Je pensais alors qu'elle avait opté pour Jean-Luc Mélenchon. Mais non, elle me confie dans la foulée avoir choisi... Marine Le Pen ! La réponse me désarçonne, tant nos programmes sont opposés. La candidate d'extrême droite ne propose pas d'augmentation des salaires, elle s'est même prononcée contre celle du Smic. « Oui mais vous comprenez, rétorque mon interlocutrice, le sujet c'est d'abord de battre Macron. » C'est pour elle le vote le plus utile. Qu'importent les discours anti-étrangers, antimusulmans, portés par le Rassemblement national. Ce message reviendra en boucle, comme une rengaine entêtante, tout au long de la campagne. J'invite chacun à mesurer le danger du vote utile et à quelles fins il peut être utilisé. L'hyperpersonnalisation de la vie politique amène à voter pour celui ou celle que les sondages mettent en position de battre celui que l'on rejette le plus, quel que soit le programme.

Le niveau de détestation du « Président des riches » est tel qu'il balaye tous les arguments. Si les retours à mon égard sont plutôt positifs, une évidence s'impose : beaucoup de gens sont prêts à tout pour « battre Macron ». Autrement dit, à voter pour le Rassemblement national de Marine Le Pen, la mieux placée à leurs yeux pour y parvenir. Certains me reprochent aussi d'avoir appelé à voter explicitement pour le Président sortant, au soir du premier tour, afin de faire barrage à l'extrême droite. J'ai beau expliquer qu'une victoire de celle-ci conduirait à une politique bien pire encore que celle en vigueur, rien n'y fait. Le discours ne passe pas. Mon adversaire local en profite pour sortir des tracts dénonçant cet appel à voter Macron. Est-ce que je le regrette aujourd'hui ? Non, car je reste persuadé que si Marine Le Pen avait été élue Présidente, nous aurions aujourd'hui un pays à feu et à sang. Non seulement la situation économique et sociale ne se serait pas améliorée, loin de là, mais nous aurions eu droit d'emblée à un référendum sur l'immigration, assorti d'un rejet décuplé à l'égard de nos concitoyens et amis d'origine étrangère. Le racisme, l'antisémitisme, déjà bien présents, grandiraient encore plus. Voilà pourquoi je continuerai à m'opposer, coûte que coûte, à toutes ces forces d'extrême droite à l'œuvre aussi en Italie, en Pologne, en Hongrie, en Suède… La marée monte à travers l'Europe et il est plus que temps de l'endiguer.

Une alliance à gauche qui passe mal

La perspective d'être devancé au premier tour des législatives m'inquiète, m'angoisse même. D'autant qu'une partie de mes électeurs potentiels désapprouve mon engagement au sein de la Nouvelle Union populaire écologique et sociale (Nupes). La personnalité de Jean-Luc Mélenchon, son propos sur « la police qui tue » passent mal. Tous les jours, j'y ai droit, tous les jours, je me fais « cartonner » à cause de cette phrase prononcée par le responsable des Insoumis. Le drame est terrible, car une jeune fille est morte dans ce contrôle routier suivi d'un refus d'obtempérer.

L'enquête ouverte doit faire toute la lumière sur les événements. En quoi cela devrait-il conduire à une telle affirmation mettant à l'index toute la police? Je suis d'emblée obligé de faire une déclaration publique pour dénoncer ces propos outranciers.

Idem concernant les agriculteurs : les éleveurs sont souvent pointés du doigt et l'agriculture et l'élevage stigmatisés. Dans la ruralité, ça aussi, ça passe mal! Lors d'une réunion, je suis interpellé dès la première question : « On t'aime bien, Fabien, mais puisque tu t'es allié avec Mélenchon, on ne votera pas pour toi. » Inlassablement, je dois alors expliquer que cette union avec toutes les forces de gauche est un atout pour éviter la division. C'est aussi un moyen de regrouper nos points de convergence, comme la hausse des salaires, le développement des services publics… tout en respectant nos différences. Et ces différences, je les rappelle à chaque fois. Mais cela ne suffit pas à lever les doutes. Surtout que je dois aussi faire face, sur place, à un candidat dissident se réclamant de La France insoumise. Les obstacles s'accumulent dangereusement.

Sur le terrain, un thème surpasse tous les autres, celui du pouvoir d'achat. Les factures d'énergie ont explosé depuis le début de l'année 2022. Un retraité de Raismes, à côté de Valenciennes, m'explique qu'il perçoit une retraite de 950 euros après toute une carrière passée dans la grande distribution. Sa facture de gaz vient de grimper de 68 à 148 euros, soit 80 euros à sortir en plus chaque mois, rien que pour son chauffage. Les exemples se multiplient. Je suis confronté à des familles plongées dans l'angoisse et le surendettement, tandis que l'inflation commence à galoper. Les centres communaux d'action sociale, débordés, ne peuvent prendre en charge les surcoûts, pas plus que la Caisse d'allocations familiales ou les autres organismes sociaux.

Une colère profonde gronde contre tous ces « politiques » incapables d'apporter des solutions. J'en prends moi aussi « plein la tête ». Les gens ne font plus la différence entre la gauche et la droite. Et tout le monde ne connaît pas forcément les combats du parti communiste, des parlementaires de nos deux groupes, ni ceux que je mène à l'Assemblée nationale, en faveur de la hausse des salaires, du blocage des prix, de la justice fiscale. Il faut donc, à chaque fois, prendre le temps de discuter, de dénoncer les impostures, de pointer les « profiteurs » de la crise. Car la guerre en Ukraine est souvent invoquée pour justifier des hausses de prix, qui en réalité sont le fruit de spéculations bien antérieures. Les profits faramineux des grands groupes, en particulier ceux de l'énergie comme Total et Esso, soulèvent l'indignation.

« On coûte trop cher, nous les ouvriers, c'est ça ? »

Dans les cités ouvrières, le peuple se déchire sur d'autres sujets. L'animosité de ceux qui travaillent envers ceux qui sont privés d'emploi ne cesse de grandir, sur fond de précarité sociale. Je ne peux ni ne veux me résoudre à un tel antagonisme. Si notre pays ne va pas bien, ce n'est pas à cause de celui qui survit, si difficilement, avec le RSA ou les allocations chômage. Ce n'est pas lui le problème fondamental, bien sûr, c'est le chômage ! Le problème, ce sont toutes ces usines que l'on a délocalisées, au nom d'une course sans fin à la rentabilité. C'est le manque d'investissements dans les services publics, dans nos écoles, nos hôpitaux, dans la Sécu… Malgré les beaux discours de Macron et du gouvernement sur la réindustrialisation, la tendance est loin de s'inverser. La preuve, le 19 mai, en pleine campagne, le groupe Vallourec, dont le chiffre d'affaires est pourtant en hausse de 30 % par rapport à l'année précédente, dévoile un nouveau plan de casse sociale : 2 500 suppressions de postes, dont 320 en France, sont programmées. Le site de Saint-Saulve, qui touche ma circonscription, est condamné. Vallourec, l'un des plus anciens fleurons industriels du Nord, dont le sigle est formé par les premières lettres des villes de Valenciennes, Louvroil et Recquignies, poursuit sa politique d'abandon, au mépris de l'argent public encaissé depuis des années pour sauver l'activité sidérurgique.

« La classe ouvrière ne se sent pas soutenue » : voilà ce que j'entends lorsque je me rends sur le site, le jour même de l'annonce. J'ai encore en tête les mots de ce salarié de Vallourec, Sébastien, reçu quelque temps après dans ma permanence de Bruay-sur-l'Escaut, avec son épouse, Mathilde. Il me montre un courrier adressé par la direction, dans lequel celle-ci prévient qu'un emploi sur deux va être supprimé dans son usine. Et pour ne pas avoir à choisir, elle invite ceux qui le souhaitent à bénéficier… d'un plan de départ en retraite.

Sébastien, âgé de 35 ans, n'en revient pas et m'interpelle brusquement : « Mais comment l'État peut-il accepter que des ouvriers soient traités ainsi ? » Il est fraiseur, il a de l'or dans les mains, un salaire correct, mais là, il se sent maltraité, bafoué, méprisé. Dans une lettre type, la direction du groupe lui demande de se désigner volontairement pour être chômeur. « C'est nous, les responsables ? » me lance-t-il soudain, à moi qu'il considère comme un représentant de l'État, lequel est actionnaire de Vallourec. « On coûte trop cher, nous les ouvriers, c'est ça ? » Si la gauche n'entend pas cette colère-là, si on ne la comprend pas, jamais on ne s'en sortira.

En finir avec la société du chômage

La question du rapport au travail est omniprésente dans les discussions que j'engage jour après jour. J'en suis profondément marqué. Les salariés, les ouvriers des villes et des champs se sentent abandonnés. Par tous. Ils travaillent dur, que ce soit dans des services publics ou dans le privé, mais ils reçoivent si peu en retour. Aucune considération. Même pas des salaires à la hauteur. Beaucoup ont été mobilisés pendant la pandémie, en première ligne ou en seconde ligne. Soignantes, caissières, transporteurs, femmes de ménage, agents de sécurité, policiers et gendarmes, salariés de l'industrie… ils ont été exposés au Covid, ils sont sujets aux maladies professionnelles, mais n'auront rien en retour. Alors forcément, quand à côté de chez eux vit une personne ou même une famille qui ne va pas au travail… ils ne se demandent pas ce qu'ils mangent, ni quelles privations ils s'imposent pour pouvoir vivre ainsi sans salaire. Ils constatent que « le voisin, lui, y arrive, il vit comme moi, sans avoir à se lever, sans avoir à s'épuiser au boulot ». Et ça, ça les fait enrager.

Le débat que je lancerai plus tard lors de la Fête de l'Huma sur la France du travail plutôt que celle des allocs n'aura pas d'autre but que de nourrir la réflexion, en particulier à gauche. On a besoin de pousser ce débat, de redonner du sens au travail, celui que nous défendons, d'élever le niveau de résistance à toutes les suppressions de postes, et d'avoir des exigences sur la qualité des emplois. Ceux qui se sont dits choqués – ils ne sont pas nombreux mais ils font beaucoup de bruit – sont de toute façon choqués par tout ce que je dis. Choqués que l'on puisse d'abord défendre le droit de vivre d'un revenu issu du travail plutôt que de vivre des allocs. Mais moi, ce qui me choque en premier, c'est l'état de notre société, autant que l'état dans lequel se trouvent toutes ces personnes privées d'emploi. Et autour d'elles, la détresse de familles entières, déstabilisées et précarisées, me blesse et me révolte.

Nous vivons dans un système économique capitaliste qui produit du chômage, de la misère et de la pauvreté. Mais il a aussi « inventé » le traitement social du chômage, dont l'objectif n'est pas de s'attaquer aux causes, mais de maintenir la même organisation économique avec son lot de casse industrielle et d'affaiblissement de nos services publics. Il n'est bien sûr pas question de toucher à ces mécanismes d'assistance, sans lesquels la situation de millions de

Français serait pire encore. Je n'ai d'ailleurs jamais dit cela. En revanche, dans mon livre *Ma France*, j'écrivais déjà ceci : « Je reste profondément attaché au rôle social du travail, comme source d'épanouissement et d'engagement au service de la société. [...] Nous sommes encore loin d'une société dans laquelle le travail pour les humains viendrait à manquer, remplacé par celui des machines. Ce temps-là, nous pouvons y songer mais en aucun cas le précipiter, au risque de fracturer encore un peu plus notre pacte social. » Eh bien je persiste et je signe, ma gauche est celle du travail !

Ce que j'ai entendu durant cette campagne des législatives, comme durant celle de la présidentielle, m'a conforté dans cette vision. Personne n'a revendiqué devant moi le droit à la paresse. Mais j'ai vu dans tant de maisons la souffrance d'une vie à l'écart pour les privés d'emploi. Le sentiment d'être rejetés, de ne « servir à rien ».

Les dégâts du chômage sont terribles, à tous les niveaux, y compris sanitaires. Si le taux de surmortalité dû au cancer dans le Valenciennois est le plus élevé de France, c'est bien à cause de cette inactivité forcée et du manque de revenus : les gens ne se soignent pas, ils attendent de cracher du sang pour que quelqu'un les emmène à l'hôpital, et c'est trop tard. Ce sont les mêmes qui souffrent du mal-logement, qui survivent dans des taudis, parfois infestés de rats. Mais ils s'y habituent et c'est intolérable. C'est pour eux que je défends le projet d'une société du travail pour toutes et tous, dans laquelle chacun pourra avoir un emploi garanti ou une formation, l'accès à la santé, au logement, à la culture, aux vacances, aux loisirs. Si on ne place pas la barre à ce niveau-là, alors nous perdrons définitivement une partie de la population.

La gauche doit faire mieux

Ces dernières années, nous nous sommes battus pour sauver des emplois, pour augmenter les salaires, pour empêcher les délocalisations, les cures d'austérité dans les services publics… Mais la vérité, c'est que nous n'avons pas gagné beaucoup de ces combats. Dans le même temps, nous avons aussi bataillé pour l'assurance chômage, pour les primes, pour l'accompagnement de toutes ces casses sociales. C'est indispensable, mais ce n'est pas suffisant. La gauche peut et doit faire mieux qu'un simple traitement de la pauvreté. C'est à nous d'expliquer, justement, qu'une heure de travail délocalisée à l'étranger se traduit par une heure de chômage payée en France.

Oui, la gauche n'a pas été audible et elle s'est un peu perdue en route au cours des dernières années. Et une partie de l'électorat populaire, ouvrier, s'est réfugiée dans l'abstention ou a fait le choix du vote à l'extrême droite. Il faut faire preuve de davantage d'humilité et d'écoute. Durant cette campagne des législatives, René Cher, l'ancien maire communiste de Raismes, âgé de 85 ans, qui connaît si bien sa population, m'interpelle et me dit : « Tu ne devrais pas dire que les gens se trompent de colère quand ils votent pour l'extrême droite. C'est déjà dur pour eux, ils n'ont plus de repères et en plus tu leur dis “qu'ils se trompent” ? » Il avait raison. J'ai abandonné depuis cette expression. Comme si je détenais la vérité et pas eux. Ce n'est pas comme cela qu'on engage un dialogue sincère ni que l'on se donne une chance de transformer une rage à fleur de peau en un espoir de changement progressiste.

Dans ma circonscription, et au-delà dans toute la région des Hauts-de-France, la situation sociale s'est fortement dégradée au cours des dernières années. Il n'y a jamais eu autant de personnes vivant sous le seuil de pauvreté, autant de bénéficiaires du RSA, de demandeurs d'emploi sortis du système d'indemnisation du chômage. Et la division grandit, entre eux d'une part, et d'autre part avec celles et ceux qui ont accès à l'emploi. Chaque différence de traitement est suspectée d'être un privilège. Ces fractures au sein de la population sont un vrai sujet, que j'ai perçu à maintes reprises au cours des dernières semaines. Alors, quand je rencontre un ouvrier posté chez Toyota à Onnaing, ou un autre de l'aciérie Ascoval à Saint-Saulve, qui perçoit un petit salaire et se lève tôt le matin, qui a du mal à joindre les deux bouts, et que j'entends des mots durs à l'encontre de ceux qui sont au chômage, qui ne travaillent pas, j'écoute, je discute, j'essaie de les amener vers les causes profondes de cette situation sans stigmatiser celui qui ne touche que des minima sociaux. Je discute pour expliquer que la solution n'est pas de supprimer ces aides mais de garantir un travail à chacun. Il faut argumenter pour dénoncer les bas salaires, les conditions de travail pénibles, la pression mise sur les travailleurs, mais il faut aussi prendre en compte cette incompréhension entre ceux qui travaillent et ceux qui ne travaillent pas. Et le temps presse, car pendant que la gauche regarde ailleurs, d'autres sont entrés dans la place.

Travailler toutes et tous

Avec raison, nous défendons la retraite à 60 ans, la réduction du temps de travail, l'épanouissement personnel, la qualité de vie dans son emploi. Mais la gauche ne met pas assez en avant la question du travail pour tous, garanti, tout au long de la vie professionnelle. Notre chantier, c'est de mettre l'accent sur la société dans laquelle nous voulons vivre, c'est-à-dire de redonner du sens au rôle de chacun dans un projet collectif. C'est sur cette ligne-là que la gauche devrait s'unir, travailler avec les syndicats, des sociologues, des philosophes, pour construire un horizon totalement nouveau. Nous avons besoin d'un nouveau service public de l'emploi et de la formation, garantissant à chacun un travail ou une formation ET un salaire, qui permettrait de sortir du système du chômage de masse et des revenus de substitution. Il y a tant de besoins à satisfaire.

Responsabilisons les entreprises, ouvrons des bureaux d'embauche dans chaque ville pour répondre aux besoins dans l'industrie, dans les services publics, pour la transition écologique… Je rêve que l'on puisse planifier démocratiquement l'économie et définir ensemble, région par région, des objectifs partagés ; que l'on puisse mettre les moyens financiers et humains suffisants en face pour répondre à ces besoins et éradiquer, en trois ou quatre ans, le chômage. L'enjeu est énorme. C'est ainsi que nous y arriverons.

Les aides publiques aux entreprises – 160 milliards d'euros par an – ne peuvent pas continuer à être octroyées sans critères. De même, les intérêts que la France verse aux banques tous les ans s'élèvent désormais à 60 milliards d'euros! Imaginez que nous obtenions de la BCE qu'elle prête à taux zéro pour permettre aux pays d'investir dans leurs services publics, dans la transition écologique! Sans compter les dizaines de milliards d'euros mobilisés pour la formation détournés par des entreprises privées.

Et les récentes réformes du gouvernement aggravent la situation. Avec celle de l'assurance chômage, il s'agit de faire pression sur les gens pour les obliger à travailler « coûte que coûte ». Cela ne marche plus. Les salaires sont tellement indignes qu'une partie de la population finit par renoncer à tout espoir de retrouver un emploi correspondant à ses qualifications.

Il a clairement manqué une voix à gauche, ces dernières années, pour pousser vers cette société du travail émancipateur.

À quoi bon « se crever la paillasse » ?

La pandémie a profondément modifié notre approche du travail. Beaucoup de salariés, dans l'enseignement, la restauration, la coiffure, les métiers du soin, les transports et tant d'autres secteurs, ont démissionné pour changer de filière, pour se former, pour vivre une autre vie. En cause, il y avait la non-reconnaissance professionnelle, la dégradation des conditions de travail, une aspiration très forte aussi à vivre pleinement à côté de son activité professionnelle.

C'est plutôt sain que des citoyens s'interrogent ainsi sur leur rôle, sur le sens du travail et sur leur bien-être personnel. Mais quelles réponses apporter lorsque la souffrance au travail est telle qu'elle conduit au découragement, à la colère ou au renoncement ? Que faire lorsque les rémunérations sont si faibles qu'elles n'apportent plus la juste compensation aux sacrifices consentis ? Beaucoup de salariés m'ont confié leur désarroi de ne jamais pouvoir s'offrir des plaisirs simples, comme une sortie au restaurant en famille. « À quoi bon se "crever la paillasse", si c'est pour gagner aussi peu ? » m'a ainsi lancé un salarié, démoralisé par la chute de son pouvoir d'achat. Avec les effets de seuil, ceux qui gagnent autour de 1 500 euros ne perçoivent quasiment plus d'aides. D'où ce sentiment insupportable de ne pas vivre de son travail, jusque dans les classes moyennes.

Inventer la « sécurité sociale du travail »

Face à ce constat, la gauche doit proclamer l'objectif d'une société garantissant le droit à des emplois de qualité et à des salaires dignes, et débarrassée des revenus de substitution. C'est ça, la priorité. Or, elle a été un peu oubliée, à mon sens, au profit d'autres débats en décalage avec cette réalité. La réindustrialisation du pays, condition même de sa souveraineté, constitue avant tout d'énormes gisements d'emplois.

Il y a tant de besoins auxquels il faut répondre, par exemple dans la transition écologique, dans l'accompagnement des personnes âgées, dans la santé et l'éducation, dans les transports et de nombreux autres domaines. Mais en face, il n'y a pas de contrats de travail intéressants, correctement rémunérés, accompagnés des formations nécessaires et de la qualité de vie au travail exigée aujourd'hui. Des chefs d'entreprise investissent d'ailleurs dans ce concept en embauchant dans leurs services de ressources humaines des spécialistes de la QVT, la « qualité de vie au travail ». Cela ne doit pas être leur domaine réservé ! Tous les salariés doivent s'emparer de cette question car ce sont les premiers concernés. C'est une donnée fondamentale dont nous devons tenir compte. Tout doit être mis sur la table : le nombre de journées travaillées consécutives, l'amplitude horaire, les risques professionnels, l'intensité du travail, l'aménagement de l'environnement de travail, le télétravail, la formation continue…

Cela pose la question de la répartition entre capital, profits et salaires, mais aussi de celui qui prend les décisions dans cette répartition. Car l'enjeu est bien de participer à ces choix pour redonner du sens au travail, pour que chacun se sente utile et heureux. Utile au pays. Cela me fait penser à la phrase de Maurice Thorez, qui lançait aux mineurs : « Retroussons nos manches, ça ira encore mieux ! » Que l'on soit secrétaire médical, informaticien, cariste, fraiseur, enseignant, ripeur… chacun est un maillon indispensable de la chaîne. La France est en crise. On a besoin d'un discours national qui appelle à la mobilisation générale et dans lequel chacune, chacun se sentira respecté et non exploité.

Alors, à la question du sens donné au travail, je réponds par une autre interrogation : quelle ambition portons-nous pour notre pays? Même une personne amoindrie par des difficultés physiques ou cognitives, quelles qu'en soient les raisons, doit pouvoir trouver une place adaptée à ses compétences : on s'épanouit tellement quand on assure des missions ou qu'on accomplit des tâches au sein d'un collectif. Bien des personnes handicapées et leurs familles ne rêvent que de cela : sortir de la maison pour aller travailler. La responsabilité d'un gouvernement de gauche progressiste est de répondre à cette demande fondamentale, inscrite dans notre Constitution : « Chacun a le devoir de travailler et le droit d'obtenir un emploi. » C'est pour cette raison que nous, communistes, nous proposons le projet révolutionnaire d'inventer dans ce siècle une « sécurité sociale du travail », comme nous avons su le faire pour la santé. C'est-à-dire garantir à chacune et à chacun, tout au long de son parcours professionnel, un emploi ou une formation, avec une sécurité de revenu et de droits.

Les rentiers sont les premiers assistés de France

Ceux qui aujourd'hui veulent vivre de la rente, jeunes ou vieux, n'ont pas de vision collective de la société. C'est de l'individualisme pur, nourri par un système capitaliste dans lequel il est possible de faire fructifier de l'argent rapidement. Être riche devient un projet de vie, qu'importent les moyens employés pour cela. Voilà le seul horizon que la classe capitaliste est capable de proposer à notre jeunesse. C'est un désastre. Les rentiers sont pour moi les premiers assistés de France. Où est leur projet pour la nation ?

Dans un autre registre, le revenu universel s'inscrit dans la même problématique. Il traduit un renoncement, un manque d'ambition et une vision que je ne partage pas. Une telle proposition, portée par une partie de la gauche, fait le jeu du libéralisme. Elle accrédite la thèse erronée de la « fin du travail » dont se réjouissent les grands actionnaires tant elle présente l'avantage de masquer leur politique de licenciements et de délocalisations pour nourrir leurs profits. En outre, cela permettrait aux néolibéraux d'attaquer d'autant plus facilement le salaire minimum tout en cherchant à regrouper toutes les aides sociales dans ce nouveau revenu pour en baisser progressivement le montant.

Pour être honnête, je n'ai pas été submergé de questions sur ce thème durant ma campagne dans le Valenciennois et l'Amandinois. Les gens du Nord ont d'autres préoccupations en tête.

À quelques heures du résultat des élections législatives, chez moi, je pense à toutes ces personnes rencontrées, à leurs galères, à leurs sourires, à leurs combats, à leurs espoirs de changement. Je pense à ceux qui craignent de perdre leur emploi ou qui en cherchent un, à celui qui m'a interpellé un soir et m'a dit : « Mais toi, tu es au chaud à l'Assemblée, tu gagnes bien ta vie, tu vas être réélu. Et nous, pendant ce temps-là, on continue d'en baver! » Il faut, à chaque fois, expliquer notre conception du rôle d'un élu. Car c'est tout sauf un métier.

Je connais la fragilité d'un mandat. À chaque élection, nous sommes révocables, c'est la règle. Et c'est bien normal. Mais je ne confonds pas l'enjeu d'une telle bataille avec d'autres situations vécues par celles et ceux que je rencontre, bien plus brutales. Une défaite électorale n'a rien à voir avec un licenciement. Il n'est pas question de « tout perdre », comme je l'entends ou le lis parfois. Je considère mon mandat comme un engagement et non un métier. Ceux qui pensent l'inverse font à mon sens fausse route. Ils se trompent de cap. Pendant cinq ans, je suis le représentant de tous les habitants de la circonscription, y compris de ceux qui n'ont pas voté pour moi. Je leur dois des comptes, une présence, une écoute, des interventions. Si un jour je suis battu ici, je chercherai bien sûr à en comprendre les raisons, à identifier mes erreurs ou mes manquements. Mais cela n'enlèvera rien à mon engagement. Je continuerai toujours à me battre, pour mes convictions, pour mes idées, au service d'un projet collectif de progrès social. Et je reprendrai le chemin du travail. J'y pense parfois, et si je devais trouver un emploi, j'aimerais pouvoir suivre une formation pour enseigner aux enfants dans une école primaire.

Quelle que soit la couleur de la colère, le dialogue reste ouvert

Il est un peu plus de 20 heures et, d'après les remontées de plusieurs villes et villages, je suis sûr maintenant d'être réélu. Malgré une percée inquiétante du Rassemblement national dans plusieurs communes de la circonscription, les électeurs m'ont renouvelé leur confiance. J'accueille avec une émotion particulière le score à Saint-Amand-les-Eaux, très important en ma faveur. C'est là que tout a commencé. Voici cinq ans, le député-maire sortant, mon ami Alain Bocquet, était encore suppléant. Sa présence sur les affiches à mes côtés m'offrait une garantie inestimable. À l'époque, je n'étais pas aussi connu qu'aujourd'hui et sans son engagement, je n'aurais sans doute pas été élu. Cette fois, c'est différent. Une nouvelle suppléante m'a rejoint, Mathilde Valembois, et nous savons que la partie est loin d'être gagnée d'avance.

Nous pouvons maintenant apprécier la victoire, avec notre merveilleuse équipe de campagne, composée de camarades, de militants de toute la gauche et d'amis. Bientôt, une foule nous rejoint. Je connais presque tout le monde. Je voudrais accorder dix minutes à chacun, pour discuter, pour les embrasser, mais c'est impossible. Victoire peut aussi rimer avec frustration. Je ne peux d'ailleurs pas me réjouir totalement. Un voile noir s'abat sur la soirée. Dans quelques jours, 89 députés d'extrême droite feront leur entrée à l'Assemblée nationale. Je suis abasourdi. Parmi les 15 circonscriptions dans lesquelles Marine Le Pen avait dépassé les 50 % lors de la présidentielle, seules 4 ont résisté, dont la mienne et celle de mon camarade Jean-Marc Tellier, dans le bassin minier du Pas-de-Calais. J'en tire la conviction que le dialogue reste ouvert avec le monde du travail, quelle que soit la couleur de sa colère. C'est à nous de faire le chemin vers lui et pas l'inverse.

CHAPITRE 2

Ce que la présidentielle nous a appris

Une candidature originale et utile

Pourquoi le Parti communiste français a-t-il décidé de présenter un candidat à la présidentielle, après avoir soutenu Jean-Luc Mélenchon en 2012 et en 2017 ? Tout au long de la campagne, les journalistes m'ont littéralement harcelé avec cette question. Avec, en ligne de mire, l'accusation de diviser la gauche. Qu'en est-il aujourd'hui, alors que nous avons défendu avec conviction, avec cœur, avec sincérité, notre programme, nos idées ? Je crois avoir démontré, au fil de cette longue bataille, que nous étions les seuls à gauche, sur un certain nombre de sujets, à proposer des réponses de nature à résoudre les crises actuelles, sociales, énergétiques, démocratiques.

Je pense naturellement à celle qui est liée à l'énergie. Ce n'est pas un point de détail, une simple différence de programme entre forces de gauche. Non, c'est fondamental, et nous touchons d'ailleurs au cœur les responsabilités du capitalisme financiarisé et le poids de nombreuses années de libéralisation totale du marché de l'énergie, à laquelle tous les gouvernements de ces dernières décennies ont apporté leur contribution. Notre pays, à cause de cela et de la perte de notre souveraineté énergétique, est frappé aujourd'hui par une crise très profonde.

Je ne regrette absolument pas d'avoir pris position de manière très claire sur ce sujet et d'avoir été le seul à gauche à tenir cette ligne. Il faut rendre à la France toute sa maîtrise en matière de production d'électricité décarbonée, de distribution et de tarification. C'est essentiel pour le pouvoir d'achat des Français, pour nos entreprises, pour nos communes, comme pour le climat. C'est essentiel pour la vision de la France que nous portons.

Retrouver notre indépendance énergétique

Dès les premières semaines de ma campagne, en mai 2021, j'ai mis l'accent sur la nécessité de retrouver notre indépendance énergétique. Celle-ci doit reposer sur deux piliers – le renouvelable et le nucléaire – et s'inscrire dans le cadre d'une entreprise publique, plus précisément un établissement public à caractère industriel et commercial, un Epic. J'étais le seul à gauche à défendre cette ligne-là, à défendre l'indispensable investissement dans l'énergie nucléaire, dans la création de nouveaux réacteurs, de nouveaux EPR, et la nécessité de rendre l'énergie nucléaire française accessible à bas prix. Ce n'est pas un détail, c'est fondamental.

Car la France souffre des choix liés à la libéralisation du marché de l'énergie et des choix dogmatiques mettant fin aux investissements dans notre filière nucléaire. C'est d'abord Nicolas Sarkozy qui stoppe le projet de centrale de Penly (Seine-Maritime), puis qui ouvre la voie à la privatisation d'EDF, en changeant son statut et en étendant la distribution et la commercialisation de l'électricité au privé avec la loi Nome et la création de l'accès régulé à l'énergie nucléaire historique, l'ARENH. C'est ensuite l'alliance entre le Parti socialiste (PS) et Europe Écologie Les Verts (EELV) pour la présidentielle et les législatives de 2012, qui conduit François Hollande puis Emmanuel Macron à fermer Fessenheim et à ne pas investir dans 14 réacteurs promis à l'arrêt définitif. Ces choix ne correspondent pas à notre analyse. Ils sont même dangereux et nous en subissons tous aujourd'hui les conséquences.

C'est trop facile à présent d'expliquer que tous nos problèmes viennent de la guerre en Ukraine. Elle a bon dos pour justifier la crise énergétique, la hausse des factures et les arrêts pour maintenance de nos centrales nucléaires. Et il faudrait donc accepter de vivre dans un pays où nos enfants ont froid en classe, où les entreprises distribuent des doudounes à leurs salariés, où le ministre de l'Économie et des Finances propose des cols roulés ?

Tous ces discours nous invitant à baisser le chauffage pour éviter la crise et des factures trop élevées sont des discours de renoncement, de la part de politiques qui fuient leurs responsabilités et refusent de revenir sur des choix faits au cours de ces vingt dernières années.

Car la réalité est bien celle-ci : d'abord, il y a la loi Nome de 2010 qui impose à EDF de vendre une quantité importante de son électricité nucléaire à 46,20 euros/MWh (au titre de l'ARENH) à des fournisseurs privés qui, aujourd'hui, la revendent à 180 euros/MWh ! Certaines de ces entreprises privées vont même au-delà et vendent cette électricité nucléaire peu chère jusqu'à 300 euros/MWh, comme le dénonce régulièrement mon collègue Fabien Gay, sénateur et directeur du journal *L'Humanité*! Il va d'ailleurs, avec le groupe communiste, républicain, citoyen et écologiste du Sénat, conduire une enquête parlementaire sur ce scandale, qui révélera comment notre pays est dépecé par le libéralisme. Certes, des entreprises électro-intensives bénéficient de cette électricité à bas prix, mais dans la limite de 60 % de leur consommation. Le reste, les 40 % restants, elles doivent se le procurer sur le marché spéculatif à des tarifs prohibitifs ! Ce système est une arnaque complète. Personne ne fait ça, aucun pays.

Nous avons la chance d'avoir un parc de 56 réacteurs nucléaires, déjà amortis, qui fonctionnent et qui permettent de produire une électricité stable, fiable (ce qui n'est pas le cas du solaire et de l'éolien, dépendants par définition du soleil et du vent), décarbonée et en quantité importante. Mais nous préférons céder cette électricité à bas prix à des marchands qui spéculent dessus pour nous la revendre à des prix prohibitifs, fixés par le marché européen de l'énergie impacté par la guerre en Ukraine et le prix du gaz.

Ensuite, nous payons le coût de toutes ces années de sous-investissements dans le parc nucléaire, du fait de la décision de fermer 14 réacteurs d'ici 2035. « Pourquoi investir si l'objectif est de les fermer ? » a très bien expliqué l'ancien président d'EDF lui-même, Jean-Bernard Lévy, lors des universités du Medef à l'été 2022. Il faut donc rattraper ce retard et cela explique notamment la raison pour laquelle de nombreuses centrales ont dû être mises en maintenance pendant plusieurs mois, au risque d'un black-out dans notre pays cet hiver 2022-2023. Cet abandon dramatique du nucléaire s'est malheureusement traduit aussi par un désinvestissement total dans la formation d'ingénieurs et de spécialistes, alors que les besoins sont criants.

Cette filière est une filière d'avenir, dans laquelle la France doit investir en faisant confiance à la recherche scientifique. Pour sortir des énergies fossiles, pour limiter nos émissions de CO_2, pour compenser l'énergie provenant du pétrole, du fuel, du charbon, et la remplacer par de l'électricité bas carbone, il faut s'engager dans le nucléaire et le renouvelable. Même si nous faisons d'énormes efforts de sobriété énergétique, le nucléaire restera l'énergie principale la plus sûre, la plus sécurisée et la plus stable permettant de réindustrialiser le pays, de fournir en électricité les ménages qui vont de plus en plus consommer avec leur voiture électrique et la domotique qui entre dans les maisons. Il va falloir de l'électricité pour fournir les habitations, les fermes, les entreprises qui vont remplacer leurs cuves à fuel par des systèmes électriques. Sans compter tous ces HLM qui carburent aussi au gaz ou au fuel et qui se tournent de plus en plus vers l'électricité. Nous sommes en train de révolutionner notre consommation d'énergie pour réussir à nous passer des énergies fossiles, pour atteindre la neutralité carbone en 2050 et réduire nos émissions de CO_2 de 40 % d'ici 2030 ! Cette révolution doit conduire à un vaste plan de sobriété énergétique mais aussi à augmenter notre production d'énergie verte, décarbonée.

La consommation française d'électricité était de 480 térawatts par heure en 2019. Si nous voulons sortir des énergies carbonées et réindustrialiser le pays, elle devra être de plus de 800 TWh d'ici 2050. Il faudra donc pour cela développer la production d'électricité solaire et éolienne, mais aussi maintenir une part importante d'électricité nucléaire. Il faut bien évidemment investir massivement dans les transports décarbonés et dans les économies d'énergie. Les débats au Parlement ont à juste titre porté récemment sur les budgets publics consacrés à la rénovation des bâtiments. Ils doivent être augmentés massivement. Ce n'est pas d'un budget de 4 milliards d'euros par an que doit bénéficier l'Agence nationale pour l'amélioration de l'habitat (ANAH), mais de plus de 20 milliards par an, pour permettre la rénovation des logements privés mais aussi des logements sociaux et des bâtiments publics. Sans ces investissements publics, nous ne réduirons jamais nos consommations d'énergie, et nous ne sortirons pas du gaz et du pétrole.

Il faut aussi investir massivement pour réindustrialiser notre pays. La désindustrialisation dont souffre la France est désastreuse pour le climat puisque nous importons de plus en plus de biens manufacturés en provenance de pays qui utilisent des énergies très carbonées, comme la Chine, dont l'industrie fonctionne pour une très large part avec du charbon. Réindustrialiser la France, c'est aussi inciter la Chine et beaucoup d'autres pays à sortir plus vite de l'industrie charbonnière.

L'intensité carbone du PIB (taux de CO_2 par PIB) doit devenir un critère essentiel dans les échanges internationaux et un des premiers critères de choix dans les appels d'offres publics, pour inciter tous les pays à produire à base d'énergies moins carbonées. Relocaliser notre industrie en France, dans notre pays qui bénéficie d'une électricité très peu carbonée, dont l'intensité carbone du PIB est basse, c'est indispensable pour le climat. Produire des petites voitures électriques en France, c'est faire coup double. C'est réduire les importations de pétrole et arrêter d'importer des voitures en provenance de pays dont l'industrie fonctionne au charbon.

Cette indispensable réindustrialisation ne sera possible qu'en disposant d'un volume conséquent d'électricité, d'au moins 800 TWh par an d'ici 2050. Mais surtout, il faut tenir compte des pics de consommation ! Tout le monde en a parlé cet hiver et nous avons vu les conséquences pour notre pays quand nous ne sommes pas en situation de fournir l'électricité demandée. C'est pourquoi nous ne devons pas seulement garantir une production d'électricité stable sur l'année, mais aussi être capables de sécuriser la production en période de forte consommation, y compris en période de pic, avec des pointes qui pourront atteindre 120 à 130 gigawatts. Comment passer ces pics de consommation importante en hiver, et en été s'il n'y a pas de vent ni de soleil ? Nous aurons besoin de toutes nos centrales et des futurs EPR, car ce sont eux que nous solliciterons quand nous manquerons d'éléments naturels pour alimenter nos parcs d'énergies renouvelables.

Nous devons nous libérer du marché européen en redonnant à EDF le pouvoir de vendre 100 % de son électricité nucléaire à un prix bas, autour de 50 euros/MWh. Nous pouvons le faire dès maintenant, pour baisser tout de suite le montant des factures de tous, de chaque entreprise privée et publique, de chaque foyer, chaque commune, département et région ! Nous donnerons ainsi un avantage compétitif à nos entreprises, qui font face à la concurrence allemande, chinoise ou américaine, largement subventionnée par leur gouvernement. Nous pourrons aussi être solidaires des autres pays européens dans une Europe interconnectée en matière énergétique. D'ailleurs, cette solidarité européenne devrait déjà être mise en œuvre au moins sur la question tarifaire. Nous devrions rejeter le diktat de l'Allemagne, qui refuse de plafonner les prix du gaz afin de garantir son propre approvisionnement en électricité. La politique du gouvernement allemand vise à affaiblir la France dans ce domaine pour conserver son avantage en matière de politique industrielle. C'est de la concurrence déloyale, que nous dénonçons. Et c'est pour cela que nous défendons une Europe des nations souveraines, solidaires et qui coopèrent entre elles pour sortir du marché européen de l'énergie et garantir à chaque pays des tarifs fixes, bas, sur le long terme, sans passer par la case spéculation. Cette question sera au cœur des débats lors des futures élections européennes.

Retrouver notre souveraineté en matière énergétique nous permettra d'économiser aussi ces 45 milliards d'euros d'argent public dépensés par l'État pour mettre en place un bouclier fiscal peu efficace, en compensation d'un prix issu de la spéculation, qui enrichit des entreprises comme TotalEnergies. Je salue le travail de mes collègues : Fabien Gay au Sénat ainsi qu'Hubert Wulfranc et Sébastien Jumel à l'Assemblée nationale, qui ont ferraillé contre les textes de loi du gouvernement sur ce sujet.

Alors oui, quand je vois la crise climatique et économique que nous subissons, avec ces fermetures d'entreprises en cascade, je dis que notre candidature à l'élection présidentielle a été importante pour montrer que nous portions un projet de société, une vision pour la France, ancrée dans les réalités de notre pays.

Je pourrais ajouter à l'énergie le travail, l'alimentation, les questions de sécurité, de laïcité, et beaucoup d'autres sujets qui montrent que nous avons une trajectoire, des propositions, une vision pour la France bien distincte de celles des autres forces politiques, y compris à gauche. Je les ai abordées dans mon livre *Ma France*, publié avant l'élection présidentielle de 2022. Je les ai développées durant ma campagne et, aujourd'hui encore, nous voyons bien que nous avons des questions de fond à traiter, à mettre en débat avec les Français pour construire une gauche crédible et capable de gagner.

Nous avons une conviction forte : la gauche ne peut gagner que si elle arrive à convaincre celles et ceux qu'elle a déçus et qui ne votent plus de se mobiliser à nouveau pour elle. Autrement dit, hier comme aujourd'hui, il faut s'adresser à un électorat populaire, avec un discours renouvelé, plus proche de ses attentes et capable de répondre aux urgences sociales, économiques et environnementales, sans décevoir une fois au pouvoir.

Une décision collective discutée jusqu'au bout… et même au-delà

En dépit de ces arguments, la décision de nous lancer dans la course présidentielle n'était pas facile à prendre. Chez nous, elle ne relève pas d'une seule personne ou de quelques dirigeants, mais d'un large collectif de militantes et militants. Trois votes successifs ont donc été organisés, d'abord au sein de notre conseil national, puis lors d'une grande conférence nationale, et enfin auprès de plus de 40 000 adhérents à jour de leur cotisation. Nous étions alors en pleine pandémie, ce qui rendait délicate la mise en place de telles consultations, mais nous avons absolument tenu à les organiser et à impliquer un maximum de militants. C'était aussi la meilleure voie pour mettre en place une campagne de terrain, de proximité. Nous avons tenu le pari et chacun a eu la possibilité d'exprimer son point de vue, y compris des divergences, des nuances. C'est tout à fait normal. Finalement, seul un nombre très minoritaire de camarades sont restés opposés jusqu'au bout à cette candidature. Quelques-uns ont même fait campagne pour Jean-Luc Mélenchon ! Lorsque c'est arrivé, des militants en colère m'ont réclamé des sanctions allant jusqu'à l'exclusion. Nous n'avons pas agi ainsi, contrairement à d'autres formations. Pour tout dire, en cas de tel désaccord, il me semblerait préférable de se mettre de soi-même en retrait. Certains l'ont fait. D'autres, qui n'étaient pas convaincus par une candidature communiste, ont tout de même choisi de mener campagne pour « Les Jours heureux ». Moi-même, en 2012, je n'étais pas acquis à la candidature de Jean-Luc Mélenchon. J'exerçais la responsabilité de secrétaire fédéral du Nord à l'époque, avec un bureau départemental qui lui était également majoritairement opposé. Mais nous avons fait campagne, organisé des meetings, distribué des tracts. Aujourd'hui, après cette campagne 2022, je ne garde aucune rancune envers ceux qui ont fait le choix de soutenir un autre candidat et de l'accompagner dans la course à la présidentielle. Faire vivre un parti, c'est accepter qu'il y ait des différences et des désaccords.

Les Jours heureux, vraiment ?

On me demande fréquemment comment est née l'idée du slogan « Les Jours heureux ». Comme souvent chez nous, tout est parti d'une réflexion collective. La décision finale a été prise au mois de janvier 2022, alors que devait sortir l'affiche officielle de la campagne présidentielle. Le climat était morose, plombé par la pandémie et les difficultés économiques. S'il fallait une chanson pour décrire l'ambiance dans le pays, ce serait sans nul doute *Noir c'est noir* de Johnny Hallyday. Pourtant, nous maintenons la référence au Conseil national de la résistance, contre vents et marées. Quelques mois auparavant, nous avions déjà dû choisir entre plusieurs options. Mon ami Olivier Marchais avait proposé d'organiser un vote à main levée pour trancher entre les différentes formules, parmi lesquelles « L'Humain d'abord », qui nous appartient mais qui avait déjà été utilisée par Jean-Luc Mélenchon et le Front de gauche en 2012, et « Le Défi des Jours heureux ».

En 2007, Nicolas Sarkozy avait mis en avant son « Travailler plus pour gagner plus ». En 2012, François Hollande avait choisi « Le Changement, c'est maintenant » et son fameux « Mon ennemi, c'est la finance », qu'il a bien vite abandonné. En 2022, je serai donc le candidat des « Jours heureux ». Les factures explosent, le déficit commercial se creuse, mais nous en sommes persuadés : il faut un programme de rupture, faire briller les yeux, susciter l'espoir, porter une grande ambition pour la France et s'autoriser à rêver.

Beaucoup saluent l'audace d'un tel slogan, marqué historiquement, porteur des plus belles conquêtes sociales de notre pays. Face aux journalistes, qui pointent le décalage entre notre proclamation et la situation dégradée qu'endurent les Français, je rappelle l'histoire, la grande : le premier programme des Jours heureux a été écrit pendant la Seconde Guerre mondiale, par des hommes et des femmes issus d'horizons philosophiques, religieux et politiques divers. Ils étaient pourchassés par les nazis, torturés quand ils étaient arrêtés. Ils résistaient avec le stylo dans une main et la mitraillette dans l'autre. Malgré la répression féroce, la dureté des combats, les privations, ils ont réussi à imaginer la France dans laquelle ils voulaient vivre. Parce qu'ils avaient la conviction qu'ils allaient gagner. Et ils y sont arrivés. De grandes réformes issues de ce programme existent encore aujourd'hui, comme la Sécurité sociale, mise en place par Ambroise Croizat, ministre communiste du Travail de novembre 1945 à mai 1947. Cette belle « Sécu » survit, même si certains, comme Denis Kessler, numéro 2 du Medef en 2007, veulent la supprimer. Il a proclamé, le 24 octobre 2007, qu'il fallait « détruire méthodiquement le programme du Conseil national de la Résistance ». Oui, c'est un vrai combat de classes de résister aux attaques systématiques contre les avancées de ce programme.

Je suis nourri par cette histoire-là. Et cela forge ma conviction qu'en politique tout est possible. Le pire comme le meilleur. 1939, la collaboration de l'extrême droite française avec Hitler, c'est le pire. Mais le Front populaire, les congés payés, la résistance à l'occupant, le programme des Jours heureux, c'est le meilleur de la France. Et la formidable espérance qu'avaient en eux les résistants pendant la Seconde Guerre mondiale leur a permis de gagner puis de diriger le pays. J'ai la même espérance en moi et la conviction profonde que la gauche va l'emporter, c'est inéluctable. Les seules questions qui se posent, c'est quand et pour faire quoi ? Je souhaite que ce soit le plus rapidement possible et nous y travaillons. Et surtout, je souhaite que nous élaborions le programme le plus ambitieux, avec les plus fortes garanties, pour que cette gauche qui arrivera au pouvoir ne déçoive plus jamais et allume de nouveau les étoiles.

C'est pourquoi notre boussole, c'est la feuille de route des Jours heureux, élaborée à partir des réalités du XXIe siècle, pour répondre aux attentes d'aujourd'hui. C'est d'ailleurs ce projet pour la France que nous mettons au cœur du congrès de notre parti en avril 2023. Ce cap-là, j'en suis persuadé, dépasse largement l'horizon de la gauche. Car avec un tel programme, nous avons l'ambition de rassembler les électeurs de gauche, bien sûr, mais aussi de convaincre de nombreux abstentionnistes ou des électeurs perdus qui se sont laissé persuader de voter à droite ou à l'extrême droite. Les Jours heureux sont toujours devant nous !

Une équipe soudée en quelques semaines

Se lancer dans une campagne présidentielle avec un candidat alors que nous n'en avons pas présenté pendant quinze ans, c'était un beau défi. Nous devions tout inventer. Le PCF n'a plus les mêmes moyens qu'il y a vingt ans, moins d'adhérents et d'élus, moins de permanents au siège du parti et dans nos fédérations. L'équipe nationale se réduit à un peu plus d'une vingtaine de salariés, dont une fraction consacre une grande partie de son travail à des tâches de gestion incontournables et importantes. Au démarrage de l'aventure présidentielle, nous ne sommes donc qu'une dizaine de personnes à coordonner la campagne, pas plus.

Je suis heureux que Ian Brossat ait accepté d'être le directeur de campagne. Ian est déjà maire adjoint à Paris, en charge du logement, mais aussi à ce moment-là président de l'Association nationale des élus communistes et républicains et conseiller métropolitain. Saura-t-il s'impliquer dans la campagne ? Il faut tenir le choc, car c'est dur. Savoir s'engueuler et continuer à travailler, être en désaccord mais avancer. Si nous nous connaissons pour avoir mené ensemble la campagne des élections européennes en 2019, notre complicité est encore toute fraîche ! C'est donc un pari que nous faisons tous les deux. Cette complicité ira au-delà de toutes mes espérances, tant notre duo se révèle efficace, chaleureux et complémentaire. Rien n'était pourtant écrit d'avance. Après tout, je ne suis à la tête du parti que depuis trois ans. Je partage mon temps entre l'Assemblée nationale, ma circonscription et la place du Colonel-Fabien. L'équipe qui se construit progressivement doit apprendre à se découvrir. L'osmose sera rapide.

Au sein du groupe, j'ai aussi l'assurance de m'appuyer sur un ami très proche, que je connais depuis l'adolescence et que je n'ai jamais quitté depuis. Pour m'épauler dans la campagne, Olivier Marchais accepte en effet de mettre sa vie professionnelle entre parenthèses. Avec lui, je suis rassuré, même quand il propose les innovations les plus audacieuses pour les grands événements à venir. Au fil des mois, la bande initiale s'étoffera régulièrement, notamment avec des jeunes en charge des réseaux sociaux, de la communication et de l'écriture. Certains seront recrutés, avec pour eux, à la clé, une formidable expérience. D'autres m'ont envoyé leur CV pour demander à travailler au sein de l'équipe de campagne. Je ne dis jamais non et j'ai voulu les recevoir et étudier leurs candidatures, leurs compétences. Bien sûr, nos moyens n'ont rien à voir avec ceux des autres candidats. Quand nous avions cinq collaborateurs pour animer les réseaux sociaux, ils étaient près d'une vingtaine ailleurs.

Nous avons fait avec nos moyens et un faible budget. Mais cette présidentielle était aussi une aventure humaine. Il faut se dépasser. Ce sont aussi de belles rencontres, dont je garderai toujours un merveilleux souvenir, chargé d'affection et de respect. Je me souviens que, parfois, entre deux rendez-vous, je revenais au siège de campagne, place du Colonel-Fabien, et partageais un sandwich, un poke bowl ou un kebab avec toute l'équipe, autour de cette grande table installée au milieu de leur salle de travail. Je préférais mille fois cette ambiance plutôt que d'aller me reposer et manger seul. Nous étions bien tous ensemble. Merci à vous toutes et tous.

Premiers pas difficiles pour un inconnu au bataillon

Notre campagne démarre en mai 2021, un an avant les élections, par l'annonce de ma candidature au journal de 13 heures de TF1. Pour nous, c'est un événement considérable, car nous ne sommes jamais plus l'invité d'un JT depuis Georges Marchais et Robert Hue. Marie-George Buffet en a eu les honneurs quand elle était ministre. Mais après, fini.

L'écho, soyons honnêtes, n'est pas fracassant. En cette veille de départ de notre « tour de France », nous sommes au pied du Tourmalet. Sur une idée d'Olivier Marchais, nous lançons alors une tournée estivale des plages, baptisée « La Caravane des Jours heureux ». L'objectif est tout simple : faire connaître nos idées auprès des vacanciers lors de rencontres informelles et décontractées. Outre les traditionnels tracts, nous emportons des produits promotionnels tels que des tasses, des tongs, des sacs en tissu et même des préservatifs des « Jours heureux ». Eh oui, Les Jours heureux, c'est aussi le droit à l'amour ! Il faut au moins ça, car je souffre d'un déficit de notoriété abyssal. Pour parler clair, je suis inconnu au bataillon.

Sur les plages, l'accueil est sympathique, et les militants communistes sont heureux de retrouver l'excitation d'une présidentielle. Nous démarrons à Marseille, chez notre ami Jérémy Bacchi, sénateur communiste des Bouches-du-Rhône. Une belle entrée en matière qui nous vaut quelques articles dans la presse nationale. Un début prometteur, certes, mais la tonalité globale sur le terrain, avouons-le, est un peu moins glorieuse. Sur notre passage, on entendrait plutôt chantonner *Qui c'est celui-là ?*, le succès de Pierre Vassiliu, que sonner les *Trompettes de la renommée* chères à Georges Brassens. Notre fonctionnement est artisanal, à l'image de la camionnette écolo dans laquelle notre équipe se déplace, parfois à grand-peine : rouler au gaz naturel n'est pas toujours compatible avec le réseau de bornes de recharge. Un bon exercice d'ailleurs, qui nous a permis de montrer le décalage entre le discours d'un gouvernement fier de son bilan écolo et la réalité d'une France franchement pas au niveau. Ce camion qui roule au gaz va devenir dans certaines régions une vraie galère et finira par circuler grâce à des bidons d'essence que l'équipe est obligée de remplir à chaque passage dans une ville. Finalement, sur 1 000 kilomètres de parcours, nous devrons ajouter plus de 1 000 kilomètres de détours pour nous approvisionner en gaz. Là aussi, sans les militantes et les militants du parti, dans toute la France, pour accueillir la caravane, héberger, nourrir, préparer, dépanner, nous n'aurions pas pu faire tout cela. C'est déjà le début d'une belle campagne collective…

Un puissant détonateur pour le programme

À la rentrée de septembre, il nous faut passer un cap pour faire connaître nos propositions. Nous décidons d'organiser une série de réunions publiques thématiques, précédées d'échanges sur le terrain. Ces « Rencontres des Jours heureux » vont servir de puissant détonateur à notre futur programme. La formule, pour moi, est exigeante. Avant de parler le soir, devant 500 à 1 000 personnes, je multiplie dans la journée les discussions avec des salariés, des chefs d'entreprise, des commerçants, des agriculteurs, des associations… Des échanges passionnants, mais aussi éprouvants. Au moment de prendre le micro, je suis souvent lessivé.

L'équipe m'avait pourtant prévenu : ce n'est pas un meeting « classique », donc il n'y a pas de discours formaté, mais de simples fiches et une série de questions-réponses. Certains soirs, je ne suis pas bon, trop épuisé pour tenir le rythme. J'apprendrai au fur et à mesure. C'est une expérience enrichissante, rendue possible grâce à l'engagement sans faille des militants. Sans eux, nous aurions bien souvent fait face à des salles à moitié vides. À cette époque-là de l'année 2021, les gens ne pensent pas encore au scrutin présidentiel.

Pour nous, l'apport de ces réunions est considérable. Nous parlons de l'agriculture à Billom (Puy-de-Dôme), de la santé à Ramonville (Haute-Garonne), de l'écologie à Rennes (Ille-et-Vilaine), de la jeunesse à Poitiers (Vienne), de l'emploi à Paris, place de Stalingrad, et de l'éducation à Vénissieux (Rhône). Toutes ces rencontres nous permettent d'approfondir le programme, sous la houlette d'Éliane Assassi, présidente du groupe communiste, républicain, citoyen et écologiste au Sénat, et de Christian Picquet, membre de l'exécutif national, que je salue pour le travail précieux qu'ils ont su fournir en mobilisant l'ensemble des commissions de notre parti. C'est aussi à cela que sert une campagne présidentielle : à présenter son projet aux Français et à l'enrichir directement auprès d'eux pour actualiser ses idées. À Rennes, par exemple, une jeune cheffe d'entreprise, spécialisée dans les pesticides naturels nouvelle génération, me fait prendre conscience de la nécessité de revoir notre politique de brevets. « On met cinq fois plus de temps à les déposer que les Américains, peste l'entrepreneure. À ce rythme-là, on sera toujours à la traîne ! » Apprentissage en direct, sur le terrain.

Lors de mes rencontres avec les salariés, avec les syndicats, nous découvrons à chaque fois quelque chose de nouveau, un exemple concret. Si nous, les communistes, mettons un point d'honneur à défendre l'industrie, le monde du travail au sein des services publics comme des entreprises privées, à porter ces enjeux toutes les semaines à l'Assemblée nationale et au Sénat, c'est parce que nous prenons appui sur la parole de celles et ceux qui sont directement impliqués, que ce soit un chef d'entreprise soumis au diktat d'un donneur d'ordre ou des salariés engagés dans un conflit social ou une négociation salariale. Ce sont elles et eux les meilleurs experts. De même, j'apprends aussi beaucoup avec les agriculteurs, tout comme avec mes collègues députés, dont André Chassaigne, valeureux président de groupe de la Gauche démocrate et républicaine (GDR), et Jean-Paul Dufrègne, député communiste de l'Allier, éleveur lui-même, Cécile Cukierman, sénatrice de la Loire, tous spécialistes de ces questions. Chaque rencontre est toujours source de connaissance et d'approfondissement.

Cette campagne nous a permis aussi d'exprimer des idées, des valeurs essentielles, comme celles que nous portons contre le racisme, l'antisémitisme, et de rappeler notre combat contre l'obscurantisme qui radicalise une part de l'opinion. Cette dernière question fait débat à gauche. Nous devons pourtant être unis pour faire front contre la montée du racisme et toutes ces divisions que l'extrême droite fait germer en France et en Europe. Nous devons être unis en faveur de l'égalité des droits des citoyens, quelles que soient leur origine, leur religion, leur couleur de peau. Nous devons continuer à mener ce combat contre les discours de haine portés par des responsables politiques. Ce fut le sens de la résolution que j'ai défendue à l'Assemblée, en pleine campagne, visant à ajouter une peine d'inéligibilité à celles et ceux qui seraient condamnés pour racisme et antisémitisme. Cette résolution ne faisait qu'appeler à mettre en œuvre le droit existant, mais elle aussi avait une vertu politique : répéter à toutes celles et à tous ceux qui l'oublient, y compris dans les médias, que le racisme et l'antisémitisme ne sont pas des opinions, mais des délits. Combien d'interviews ai-je dû donner pour expliquer cela, parfois à des animateurs télé qui m'opposaient le droit à la liberté d'expression ! Il y a un vrai recul dans notre pays sur ce sujet. Le racisme est entré dans la vie quotidienne, dans toutes les discussions, dans les médias. Beaucoup de nos concitoyens le subissent, le vivent dans leur chair, et dans l'indifférence du plus grand nombre. J'en veux beaucoup à la majorité actuelle, au Président Macron et à ses ministres, de courir derrière l'extrême droite en multipliant les textes de loi sécuritaires ou anti-immigration, stigmatisant toujours les mêmes, tirant un trait d'égalité inacceptable entre migrants, terroristes et musulmans.

Face au mur du racisme qui s'élève dans le pays, il faut casser et déconstruire tous ces discours. Les politiques, les forces républicaines jouent un rôle important pour cela, tout comme les syndicats, les médias, mais pas seulement : je salue les artistes qui, dans leur grande diversité, multiplient les interventions, les spectacles, les créations pour faire vivre cette fraternité humaine qui nous manque tant. C'est là que l'on mesure le rôle de la culture et de la création dans une société. D'ailleurs, la formidable exposition que nous avons présentée au siège du PCF fin 2021, début 2022, à l'initiative de Pierre Laurent, avec le concours de Yolande Rasle et

Renaud Faroux, les commissaires de l'exposition, réunissant l'ensemble des œuvres prêtées ou offertes par des artistes de renom au PCF durant toute son histoire, en est l'illustration. Picasso, Fernand Léger, Marcel Duchamp... ont marqué notre histoire et l'histoire de France tant leur engagement s'est illustré dans des œuvres désormais célèbres.

C'est d'ailleurs lors de la visite de cette exposition que j'ai souhaité saluer l'engagement d'autres artistes qui ont payé de leur vie leurs convictions progressistes récemment : les caricaturistes, ces dessinateurs de presse, journalistes, tués par des fanatiques religieux dans l'horrible attentat contre *Charlie Hebdo*. Charb, Cabu, Honoré, Wolinski et Tignous ont été assassinés car ils ont dessiné le prophète Mahomet. Pour les terroristes islamistes, qui combattent nos valeurs républicaines, cela méritait une fatwa. Ils ont tué pour cela, chez nous, en France, au cœur de la capitale. Nous avons perdu ce jour-là nos amis, nos frères et sœurs de combat contre la barbarie, contre la connerie humaine. Je connaissais plusieurs d'entre eux. J'ai voulu rendre hommage à ces hommes et femmes engagés, porteurs de ces belles valeurs que toute la gauche doit défendre bec et ongles, de cette liberté d'expression qui nous est si chère. Certains ont dit qu'il fallait défendre la liberté d'expression « mais en faisant attention quand même à ne pas choquer les croyants ». Pour moi, il n'y a aucun « mais » à mettre derrière cette liberté d'expression. Elle doit être totale. Et le droit à la caricature doit être défendu. Il n'y aura jamais de délit de blasphème dans la République laïque que le peuple français s'est donnée.

Cette campagne a été aussi l'occasion de porter la parole des habitants d'outre-mer et nos propositions pour ces territoires. Les Jours heureux sont aussi attendus là-bas, dans ces départements, ces régions éloignés de l'Hexagone où la vie est encore plus dure, où la vie est encore plus chère, où la parole publique, celle de l'État, est totalement discréditée. Je me suis rendu à La Réunion, en Guyane et aussi aux Antilles, même si le voyage a été amputé car un grand mouvement social explosait au moment où j'arrivais. La gestion de la pandémie y a été désastreuse, tant notre système de santé publique est à l'abandon. Les services publics sont eux aussi en déshérence, le taux de chômage des jeunes y est le plus élevé. Comment voulez-vous que les habitants se sentent respectés ? La colère y est immense, d'autant plus que ce gouvernement a refusé tous les amendements des députés d'outre-mer, quelle que soit d'ailleurs leur étiquette politique. Grâce à André Chassaigne, notre groupe à l'Assemblée nationale est celui qui rassemble le plus de députés issus de ces territoires. Nous en sommes fiers. Il nous faut maintenant franchir un cap dans la proposition que nous pouvons formuler, en tant que parti, pour l'avenir de nos outre-mers. Nous devons aussi entendre la voix que portent nos collègues polynésiens, dont celle de Moetai Brotherson, et leur volonté de retrouver leur autonomie. Comme nous avons su le faire par le passé avec Paul Vergès et Aimé Césaire, soyons pleinement solidaires des combats de nos amis ultramarins.

Un bon vin, une bonne viande, un bon fromage… et une campagne qui décolle !

Au début de l'année 2022, il ne reste plus qu'un problème à régler, mais de taille : comment faire décoller la campagne ? Deux événements successifs vont nous apporter l'élan tant attendu.

Le 9 janvier, je suis l'invité de « Dimanche en politique », sur France 3. Je me plie volontiers à ce genre d'exercice, surtout quand il est conduit, comme ici, avec rigueur, pugnacité, respect et courtoisie. L'émission se déroule d'ailleurs sans anicroches, jusqu'à l'ultime question posée par Francis Letellier à propos du prix décerné à Emmanuel Macron pour son engagement en faveur du vin et de sa culture. « Un Président doit-il défendre le vin ? » m'interroge le journaliste. Ma réponse n'a rien de fracassant, elle est tout à fait spontanée : « Moi-même, j'aime bien aussi boire un verre de vin. Un bon vin, une bonne viande, un bon fromage, pour moi, c'est la gastronomie française. » J'ajoute, pour donner du contenu politique à ce sujet : « Ce qui compte, c'est d'avoir le pouvoir d'achat permettant de se payer des produits de qualité. » Fin de la séquence ? Pas vraiment. En quittant le plateau, je suis loin d'imaginer la bourrasque médiatique qui se lève, sur fond de couscous et de tiramisu.

Partout je suis sommé de m'expliquer. Tout est démesuré. Sur les réseaux sociaux, les « trolls gauchistes » se déchaînent. On me traite de « macho », de « viandard », j'en passe et des meilleurs. Pour avoir omis de citer le couscous ou la paella, je fais même figure de raciste et de suprémaciste blanc !

J'en profite aussitôt pour mettre en avant notre combat – révolutionnaire – pour une alimentation saine, de proximité et accessible à tous. « Le beau et le bon, tout le monde doit y avoir accès », aurai-je l'occasion de marteler les jours et même les semaines suivants.

Ce n'était pas du tout préparé, et je m'étais déjà exprimé dans ce sens lors de la Rencontre des Jours heureux de Billom quelques mois plus tôt, mais dans les faits, la polémique me sert et contribue à faire monter ma notoriété en flèche. Il faut dire que nous partons de très loin. À titre d'exemple, à l'époque, Marine Le Pen et Jean-Luc Mélenchon, qui ont chacun deux campagnes présidentielles au compteur, affichent chacun 2 millions d'abonnés sur Twitter et Facebook quand moi j'en ai tout juste 40 000. Bref, cet épisode est bon à prendre. Merci à nos adversaires ! D'autant que je gagne aussi la sympathie de beaucoup de Français, attachés à la sauvegarde de leur patrimoine culinaire.

J'aurai l'occasion de développer en long et en large notre programme en la matière, de prendre la défense de toutes les professions concernées, des agriculteurs aux éleveurs, des bouchers aux charcutiers, en passant par toutes celles et tous ceux qui travaillent dans la restauration collective. J'ai pu rappeler les propositions que nous avions défendues à Billom lors du Sommet de l'élevage, et qui étaient passées sous les radars, comme la création d'un fonds de 10 milliards d'euros annuels dédiés à l'alimentation dans les restaurants de nos écoles.

Manger sain et à sa faim reste un objectif éloigné dans notre pays, alors que c'est essentiel. Nous le voyons aujourd'hui avec des tarifs de restauration scolaire qui explosent et des agriculteurs qui ne peuvent plus vivre de leur travail. Alors oui, j'assume pleinement nos propositions différentes en matière de souveraineté alimentaire. Nos enfants ne doivent pas avoir faim en France. Et nos agriculteurs et nos éleveurs sont indispensables pour les nourrir, pour nous nourrir. Loin des discours déconnectés de la réalité, je resterai leur défenseur. Je respecte ceux qui ne mangent pas de viande. Mais celles et ceux qui en mangent doivent aussi être respectés. Soyons les défenseurs d'une alimentation équilibrée, dans laquelle nous mangeons moins de viande mais de la bonne viande, issue de nos élevages de plein air et surtout pas de pays pratiquant la déforestation pour développer des élevages intensifs.

À Marseille, le « roussellement »
fait monter la température

Quelques semaines plus tard, le 6 février 2022, le meeting de Marseille me donne l'occasion d'enfoncer le clou. Grâce au travail des militants sur place, près de 5 000 personnes sont attendues. La scénographie imaginée par Cathy, Julia et Olivier est impressionnante. Le rendez-vous est retransmis en direct sur une chaîne d'infos grâce au travail de Solène. Autant dire que la pression est grande. Durant plusieurs jours, je travaille mon discours. Je le mâchouille, le triture, le modifie jusqu'au dernier moment, comme une sculpture ou un tableau auquel il manque toujours une petite touche. Telle est ma méthode : les discours sont le fruit d'un travail collectif. Christophe, Igor, Christian, Ian, Anthony, Laurent… au sein de l'équipe de campagne, chacun participe. Il y en a toujours un qui souffre, qui est « puni », celui auquel on demande de rédiger le premier jet, le fameux texte « martyr ». Un labeur ingrat, tant le texte final a souvent peu à voir avec la version initiale. Je finis toujours par rajouter ma patte.

Pour Marseille, j'avais prévu deux temps forts. D'abord un long passage sur l'argent, celui qui manque sur les feuilles de paie, pour régler les factures, pour investir dans nos services publics, qui fait défaut dans les caisses de l'État à cause de l'évasion fiscale… Bref, sur cet argent qui manque au pays mais qui coule à flots pour une minorité de privilégiés, dans les fonds de pension, dans les banques, dans les multinationales… Cette séquence, je n'en fais pas mystère, m'a été inspirée par une tirade célèbre de François Mitterrand, prononcée lors du congrès d'Épinay-sur-Seine, en 1971 : « L'argent qui corrompt, l'argent qui achète, l'argent qui écrase, l'argent qui tue, l'argent qui ruine, et l'argent qui pourrit jusqu'à la conscience des hommes ! » La référence au président socialiste est applaudie ce soir-là, mais surtout pour son contenu. Pour moi, c'est une manière implicite de montrer que la gauche a su gagner quand elle s'attaquait au fondement du système capitaliste.

L'autre temps fort du discours m'a été soufflé quelques mois auparavant par des camarades de Belfort, le 3 octobre, à Paris, lors du rassemblement pour l'emploi, place de Stalingrad.

À ma descente de la tribune, l'un d'eux m'interpelle : « Dis, Fabien, on a pensé à quelque chose dans le train qui nous amenait ici. Macron a inventé le “ruissellement” en faveur des riches; toi, tu t'appelles Roussel, alors tu devrais lancer le “roussellement”, à destination des travailleurs et des salariés. » Je savais que j'allais réutiliser l'expression, il ne restait plus qu'à trouver la bonne occasion. Ce sera donc à Marseille et si elle n'a pas bouché le port, la formule a tout de suite fait mouche. Tous les journalistes présents la reprennent. En fin de campagne, Jacques Dutronc lui-même confiera son intention de voter « pour le roussellement ». Merci au « prince sans rire » de la chanson française, que nous avons eu tant de plaisir à accueillir à la Fête de l'Huma 2022, avec son fils, Thomas.

Un frémissement en forme de promesse

Après ces deux séquences, la polémique sur la viande et le meeting de Marseille, les sondages commencent enfin à frémir. De 0,5 %, je grimpe à 3, voire 3,5 % d'intentions de vote. Ce n'est pas faramineux, certes, mais la dynamique est encourageante. Encore faut-il la confirmer.

Sur le terrain, le rythme s'accélère. J'ai pris l'habitude, pour me régénérer physiquement autant que pour m'aérer l'esprit, de courir régulièrement, environ une heure. À Saint-Amand-les-Eaux, où je suis élu municipal, j'ai l'habitude d'être interpellé, mais à Paris, je peux trottiner avec mon pote Olivier dans l'anonymat le plus complet sur les pentes bucoliques du parc des Buttes-Chaumont. Du moins jusqu'au mois de janvier, moment à partir duquel des gens commencent à m'adresser des signes d'encouragement, des petites phrases sympathiques, du style « Tenez bon ! », « Bravo, continuez ! »... Quelque chose est en train de se passer.

Chez les communistes, l'enthousiasme grandit. Le slogan des « Jours heureux » est bien accueilli. Les militants me confortent au fil des déplacements : « Fabien, c'est de l'air frais que tu nous apportes, de l'oxygène. » Ma manière de parler, simple et directe, est appréciée. Dans les campagnes, mes propos sur la défense de l'élevage en plein air, d'une agriculture de qualité, à taille humaine, respectueuse des traditions, ont touché des gens dont je me sens proche. Je n'ai pas à me forcer, leurs mots sont les mêmes que les miens.

Fauché en plein élan

La dernière ligne droite se profile dans un climat favorable. Je suis optimiste. C'est pourtant à ce moment-là que je suis fauché en plein élan. Dans un article publié le 20 février 2022 par *Mediapart*, je suis soupçonné d'avoir été payé comme assistant du député Jean-Jacques Candelier sans avoir réellement travaillé pour le Parlement. En clair, d'avoir bénéficié d'un emploi fictif.

Je suis abattu. Je le vis comme une insulte, comme si on me crachait dessus, en remettant en cause mes années d'engagement professionnel au service de Jean-Jacques ou Michelle Demessine. J'ai exercé mes missions à leurs côtés avec passion, avec toute la détermination d'un militant communiste. Et en plus, cela brise l'élan de la campagne. Je me sens comme un marathonien auquel « on casse les pattes » alors que la fin de la course approche et que tout doit se jouer au mental. Pas question pour autant de tout laisser tomber. Je suis touché, abîmé. Cet article, recueillant des témoignages mensongers, est une atteinte à mon engagement, à mon honneur. M'arrêter maintenant ? La tentation ne m'effleure même pas. C'est pourtant le but manifeste de cet article et de ses initiateurs. Ceux qui m'accusent sont des adversaires politiques. Je n'avais jamais eu les honneurs du journal télévisé de France 2 le soir, mais cette fois, j'y ai droit. J'avoue que, dans un tel contexte, la pilule a du mal à passer.

Autour de moi, l'équipe est plus mobilisée que jamais. Elle garde la tête haute face à une opération déclenchée pour « casser ». On doit réagir, laver notre honneur, rétablir la vérité. Comment ? D'abord en rassemblant de nombreuses pièces pour établir la réalité du travail effectué auprès de mon ami Jean-Jacques Candelier, « eul'grand » comme on le surnomme affectueusement dans le Nord. Je me souviens bien de cette période, même si elle est ancienne. Je me souviens de ne pas avoir ménagé ma peine ni compté mes heures, mes journées, mes soirées auprès de lui, des habitants de sa circonscription, des élus, des syndicalistes. J'ai multiplié les rencontres sur le terrain, dans les entreprises, avec les syndicats, les salariés… Les témoignages et les écrits sont nombreux. Je suis à la disposition des enquêteurs, de la justice et de toutes les personnes habilitées par nos institutions à m'interroger.

Le lendemain de la diffusion de l'article, je participe à un « grand oral » organisé par le Medef à Paris. Mon intervention est plutôt bien accueillie. Elle est même ponctuée par des applaudissements, ce qui est assez rare quand un communiste s'adresse à des grands patrons pour qui, parfois encore, un communiste est un mangeur d'enfants, le couteau entre les dents. Mon discours est très loin de la caricature qui est faite de nous. Je défends l'industrie, le travail. Dès ma descente de l'estrade, je suis assailli par une forêt de micros, tendus par un nombre impressionnant de journalistes intéressés uniquement par « l'affaire ». Ils me demandent des comptes, me lancent des questions en rafale, sans me laisser le temps de respirer. C'est très dur.

Mes enfants m'appellent à leur tour. Ils ne comprennent pas ce qui arrive, ce déchaînement soudain contre leur père. C'est d'autant plus difficile à encaisser que je n'ai rien à me reprocher. Quand on est un militant communiste acharné, qui donne sa vie, ses jours, ses nuits, ses week-ends au service d'un élu, parfois au détriment de sa famille, que l'on reverse une partie de ses émoluments une fois élu, sans jamais s'enrichir d'un euro, on ne peut accepter de telles accusations.

Je me battrai donc jusqu'au bout.

Un passage à l'identité judiciaire qui fait mal

Les suites de cette affaire? Je vous les livre en toute transparence. D'abord, fin août 2022, j'ai été convoqué à Nanterre par la brigade financière sur instruction du parquet.

Les policiers ont fait leur travail et j'ai pu répondre sans difficulté à toutes leurs questions durant plusieurs heures. Je suis pourtant ressorti de cette audience profondément affecté. Car je me sens sali, obligé de me justifier sur toutes ces années de travail. Même si le terme n'existe plus, on se sent en effet rapidement dans la peau d'un « inculpé ». Une impression renforcée par le passage – obligatoire – au service de l'identité judiciaire, situé au sous-sol d'un bâtiment aux murs gris et sales. Les policiers n'y sont pour rien, c'est la procédure. C'est comme ça, il faut en passer par là. Je dois d'abord traverser des couloirs bordés par les cellules de garde à vue jusqu'à un petit bureau, où un policier me demande de m'asseoir sur un tabouret en bois volontairement inconfortable. Photo de face, profil gauche, profil droit, empreintes digitales : tout y passe, je me sens mis à nu. Je me vois ainsi, photographié sous tous les angles, comme un prévenu, dans un sous-sol mal éclairé.

Ma famille mise à rude épreuve

Et puis, il y a eu ce mardi 6 décembre. J'étais en déplacement dans le Finistère, dans le cadre de mon tour de France. Pendant ce temps, à 6 heures du matin, la police est venue perquisitionner à mon domicile de Saint-Amand-les-Eaux. Cette perquisition fait partie du travail des enquêteurs dans ce type de procédure. Un peu comme un passage obligé. Mais je ne pouvais pas imaginer sa violence psychologique, son impact sur ma vie privée, sur ma famille. C'est un de mes fils qui est réveillé par les inspecteurs qui cognent à la porte. Il ouvre d'abord la fenêtre de sa chambre, ne sachant pas ce qui arrive. « C'est la police pour une perquisition, ouvrez la porte s'il vous plaît! » C'est ma compagne, ensuite, réveillée par mon fils, qui les accueille, en robe de chambre, sans comprendre. Et notre deuxième fils est sorti du lit par un inspecteur qui faisait le tour des chambres. Vous imaginez un réveil pareil pour un de vos enfants? « Réveillez-vous monsieur, c'est la police, c'est une perquisition, vous devez sortir du lit. » Il a mis quelques secondes à comprendre! Et à 6 h 10 du matin, Dorothée et mes deux enfants se retrouvent au salon, faisant face à quatre inspecteurs. Pendant quatorze heures, oui, quatorze heures, ils vont fouiller chaque recoin de notre maison, chaque pièce, chaque chambre, de la cave au grenier. Chaque dossier est ouvert. Chaque papier est lu. Les tiroirs sont disséqués, les chaussettes sont retournées. Chaque ordinateur est examiné et tout son contenu téléchargé. Je sais qu'ils ne font que leur travail, mais pour ma famille, c'est une épreuve.

Quant à moi, averti par ma compagne dès le matin, je décide de rentrer à la maison pour être à leurs côtés. Je dois revenir immédiatement chez moi. Ce que j'avais prévu de faire, de toute façon, pour participer à un enterrement dans ma famille le lendemain matin. Eh oui, parfois, tout s'additionne. Bref, une fois de retour à 16 heures, nous avons tous ensemble, en famille, donné tout ce que les inspecteurs demandaient, répondu à toutes leurs questions. Je n'ai qu'une idée en tête : que leur enquête vienne confirmer que rien ne permet d'étayer l'accusation dont je fais l'objet. N'est-ce pas le meilleur moyen de sortir la tête haute de cette affaire?

En tout cas, à 20 heures, nous nous retrouvons à quatre. Le salon est vide de leur départ. Des dossiers traînent partout. On est là, assis, réalisant à peine ce qui vient de se passer. Les enfants me racontent comment ils ont été réveillés, comment ils ont passé la journée ici. Tout s'est bien déroulé, et tout le monde s'est comporté avec la plus grande correction, mais l'émotion est vive. À mon tour de les rassurer, de leur parler pour leur expliquer que cette perquisition est une étape, certes douloureuse, le passage obligatoire pour que justice soit faite. Mais quand je leur demande de m'excuser pour tout cela, quand je leur dis que ma candidature à l'élection présidentielle est à l'origine des attaques qui conduisent à cette perquisition, les larmes montent vite. Chez moi, chez Dorothée, car c'est dur, on est épuisés, mais on est solidaires et on se serre tous les quatre dans les bras en disant que nous nous souviendrons bien longtemps de la journée que nous venons de vivre. Le soir, Dorothée me dira juste avant de s'endormir : « Bah, ils n'ont fait que leur travail. Mais ce qui me gêne, c'est que la maison n'est pas en état. Les travaux ne sont toujours pas terminés ! » Elle est incroyable !

Bien sûr, je n'en veux évidemment pas aux fonctionnaires, dont la tâche est difficile. Je ne demande pas non plus un quelconque traitement de faveur, qui serait contraire à mes convictions. Une pensée m'envahit : voilà jusqu'où peut conduire une élection présidentielle, dans laquelle tous les coups sont permis. Jusqu'au bout, je défendrai mon honneur. J'espère que cette perquisition et cette enquête, ainsi que toutes les auditions qui vont suivre, me permettront de le faire.

Le bruit de la vie sur les marchés

Au moment où est sortie « l'affaire », il restait moins de deux mois de campagne. Pas question de baisser les bras, d'autant que d'importants rendez-vous sont inscrits sur le calendrier affiché dans mon bureau, sur lequel sont notés les principaux meetings, les passages médiatiques et les rencontres devant les différentes institutions. Chaque journée est jalonnée par ces prestations publiques. Je planche ainsi devant le Conseil économique, social et environnemental (Cese), le Mouvement olympique et sportif français (CNOSF), la Fédération nationale de la Mutualité française (FNMF), les agriculteurs (FNSEA), les chasseurs (FFC), la CFDT avec Laurent Berger, la Fondation Abbé Pierre… Tout cela nécessite de la préparation. Le rythme est épuisant. À ce stade, il n'y a plus de repos possible.

J'arrive à revenir un jour de temps en temps à Saint-Amand-les-Eaux, mais uniquement pour y tenir mes rendez-vous de circonscription. Je continue aussi à assurer mes permanences le vendredi matin, d'écouter les problèmes des habitants de chez moi, de leur montrer que je suis toujours là. C'est très important aussi de sentir l'atmosphère des marchés que je connais si bien, d'entendre le « bruit de la vie », de me faire interpeller directement. À ce moment-là, les factures explosent, les pensions de retraite arrivent en retard... Tout cela me nourrit pour la campagne. Les habitants de Saint-Amand-les-Eaux m'ont d'ailleurs envoyé un signal très fort en votant massivement pour ma candidature à l'élection présidentielle, avec un résultat de 20,71 % au premier tour. Je leur en suis extrêmement reconnaissant. Il faut dire que j'ai beaucoup parlé de ma ville pendant la campagne, de cette belle station thermale, la seule au nord de Paris, qui rayonne dans toute la région. Je serai toujours là pour elle, et les Amandinois le savent bien. Un lien fort nous unit.

En rentrant à Saint-Amand, je rencontre aussi beaucoup d'amis, de soutiens qui n'ont jamais voté communiste auparavant mais qui, parce que je suis candidat, sont prêts à voter pour moi. Ils sont ouvriers, chefs d'entreprise, salariés du privé, agriculteurs, agricultrices, cadres, employés dans le tertiaire... C'est important pour moi de connaître leurs commentaires sur l'actualité, sur la campagne, sur ce qu'ils entendent de moi à travers les médias. J'écoute leurs remarques, je leur montre les projets d'affiches. Ce regard de l'extérieur est précieux pour sentir si nos slogans et nos propositions sonnent juste, percutent, convainquent.

En dehors de Saint-Amand et de ma région, j'entretiens des liens aussi avec des sympathisants et des élus que j'ai croisés ces dernières années lors de mes déplacements, non-membres du PCF, mais dont le cœur penche résolument à gauche, sans être convaincus par le vote pour Mélenchon. Ils sont ainsi plusieurs à m'envoyer des messages sur l'actualité, à commenter mes passages dans les médias, à les critiquer parfois, mais avec toujours le souci de m'aider. Il y a aussi mes amis journalistes, anciens de *L'Huma*, qui travaillent bénévolement en me fournissant des notes, en me proposant des communiqués, des interventions sur de nombreux sujets. Leur apport a été inestimable. Tous ces soutiens ont été extrêmement précieux. Je les remercie tous.

Le temps de l'égalité est venu

Je dois encore tenir une dizaine de meetings d'ici au premier tour. Trois d'entre eux me marquent particulièrement. Le premier, à Bordeaux, est entièrement consacré à la lutte contre les violences faites aux femmes. Plus encore, il fait la part belle à l'avènement d'une république féministe. Ce soir-là, j'égrène une série de propositions pour en finir avec le patriarcat qui continue de miner notre société. Bien sûr, il y a la nécessaire égalité salariale et professionnelle. Quatorze lois et quarante ans après la première loi d'Yvette Roudy, nous en sommes au même point : l'écart de salaires entre les hommes et les femmes est de 25 % en moyenne. Et le fameux « index » mis en place par le gouvernement ne changera rien. Cette usine à gaz attribue des points pour évaluer la politique de chaque entreprise et donner des avertissements aux mauvais élèves mais ne prévoit pas de sanction, comme nous le réclamons. Par exemple, si un écart salarial existe entre les femmes et les hommes dans un service, cet index va donner un point à l'entreprise si elle augmente de 500 euros le salaire des femmes… comme celui des hommes. Certes, les salaires augmentent de la même manière, mais la différence existe toujours. Lors d'une conférence à Sciences-Po Paris, un enseignant m'a expliqué, sans honte, que le rattrapage salarial coûterait trop cher et qu'il fallait peut-être demander aux hommes de baisser leur salaire ! Vous vous rendez compte de l'état dans lequel se trouve notre pays, où des enseignants de Sciences-Po vont jusqu'à théoriser l'impossibilité de lutter contre cette inégalité ?!

La lutte pour l'égalité entre femmes et hommes, c'est aussi mettre en débat, dans toute la société, le poids du patriarcat pour le faire reculer. C'est indispensable pour combattre les violences sexuelles et sexistes. Cela doit commencer dès l'enfance, dès l'apprentissage des savoirs, avec des enseignants formés à cela. C'est aussi répondre à notre revendication d'obtenir 1 milliard d'euros par an pour développer une véritable politique de protection des femmes et de lutte contre les violences, pour une justice adaptée, spécialisée.

En tant que secrétaire national, j'ai d'ailleurs été confronté à des actes de violence sexuelle commis au sein de mon parti par des adhérents. Ils sont peu nombreux au regard de notre nombre, mais cela reste insupportable. À chaque fois, il faut prendre des décisions pour protéger les victimes. Dans une entreprise, le code du travail permet à un employeur de licencier un salarié pour un tel motif. Et si le salarié conteste la décision, il peut se défendre devant les prud'hommes. Mais au sein d'une organisation politique, avec des adhérents « bénévoles », avec des élus, nous n'avons pas les mêmes règles, les rapports entre responsables politiques et adhérents ne sont pas les mêmes qu'entre direction et salariés. Quand un élu est reconnu coupable de violences sexuelles, il est impossible, même si nous le voulons, de l'obliger à démissionner. Au mieux, nous pouvons nous assurer qu'il ne sera pas représenté par le parti à la prochaine élection. Là aussi une peine d'inéligibilité devrait s'appliquer.

Nous avons besoin, d'une part, d'une justice adaptée, et d'autre part, d'un cadre national qui ne prétende en aucun cas remplacer la justice et qui permette – et je dirais même, oblige – les organisations militantes à prendre des mesures disciplinaires de protection des victimes et des militantes face à des hommes aux comportements violents. Nous ne pouvons pas rester les bras croisés en attendant que la justice se prononce, souvent au bout de plusieurs années. C'est parce que notre action s'adresse d'abord aux victimes, dont la parole a si longtemps été ignorée, que nous devons veiller à ce que les sanctions consécutives à des comportements intolérables soient prises dans un cadre formel, juste, transparent et contrôlé. Nous avons besoin de règles claires, communes à tous, élaborées avec le ministère de la Justice et en concertation avec toutes les organisations concernées. Nous avons besoin d'une justice adaptée aux organisations qui font appel à de nombreux bénévoles ou adhérents.

Au Cirque d'hiver, dedans et dehors à la fois

Le meeting de Paris, le 10 mars 2022, au Cirque d'hiver, reste également un grand souvenir. Le climat social se tend alors dans le pays. La hausse du prix de l'essence revient dans toutes les conversations. Le prix du litre explose en même temps que les bénéfices des compagnies pétrolières. La colère est palpable à chaque coin de rue. À tel point que j'ai l'impression que le score du Rassemblement national est indexé sur le cours du pétrole. Les automobilistes broient du noir. Comme n'importe quel responsable politique « à portée de baffes », je me fais de plus en plus interpeller sur ce sujet.

Pourtant, depuis des mois, à l'Assemblée nationale et en dehors, nous, les communistes, plaidons pour une maîtrise publique de l'énergie et pour une baisse des taxes pesant sur le prix de l'essence. D'ailleurs, je déposerai un texte de loi, avec mon collègue Jean-Marc Tellier, dès mon élection, en juillet 2022, pour faire baisser les taxes sur l'essence. Mais dans le tumulte ambiant, nous n'arrivons pas, ou pas assez, à nous faire entendre. Ian Brossat propose plusieurs initiatives sur ce sujet, dont une opération à la sortie d'un péage ou dans une station-service, pour protester contre l'inaction du gouvernement face à la flambée des prix. Le message restera dans les esprits : « La station essence est devenue le seul endroit où c'est celui qui tient le pistolet qui se fait braquer ! » L'essence devient un produit de luxe : à quand des jerricanes signés LVMH ?

Le meeting du Cirque d'hiver, qui a lieu quelques jours après cette opération, réunit une foule impressionnante. Les inscriptions affluent, jusqu'à dépasser largement la jauge de la salle. Une évidence s'impose : près de 1 500 personnes devront rester à l'extérieur. Que faire ? S'adapter, pardi ! Après une vingtaine de minutes de discours, je fais le choix de quitter la scène… pour aller m'adresser aux gens massés sur les trottoirs devant l'entrée. La surprise est totale, pour eux comme pour ceux qui sont restés à l'intérieur, et qui suivent la scène sur grand écran. Je passe ainsi d'un lieu à l'autre tout au long de la soirée, selon le dispositif imaginé par Olivier Marchais.

Ce meeting est aussi un moment important car il concrétise le rassemblement avec les forces politiques qui deviendront, au lendemain de l'élection, la Fédération de la gauche républicaine. Je me souviens des paroles fortes prononcées par Emmanuel Maurel, membre fondateur de la Gauche républicaine et socialiste : « Qu'un candidat proclame le droit au bonheur, le droit à l'espoir est sacrément audacieux […]. Cette candidature dessine les contours d'une gauche de combat qui sait pour qui elle se bat en se fixant pour priorité la reconquête des catégories populaires. » Marie-Noëlle Lienemann de la Gauche républicaine et socialiste, Jean-Luc Laurent du Mouvement républicain et citoyen, Stéphane Saint-André des Radicaux de gauche ont fait le choix de s'engager à nos côtés pour une République sociale, démocratique et laïque. Cela a marqué notre campagne. Je forme le vœu que nous puissions continuer à travailler ensemble, dans le respect de nos différences, mais toujours au service de ce bel idéal républicain.

Quand la guerre en Ukraine percute les Jours heureux

À ce moment-là, la campagne est heurtée de plein fouet par la guerre. Le 24 février, Vladimir Poutine décide d'envahir l'Ukraine. Le débat politique national est mis entre parenthèses. Les Français s'interrogent sur l'issue d'un conflit violent et menaçant : la perspective d'une troisième guerre mondiale, soudain, n'est plus une lointaine hypothèse. Comment faire vivre les « Jours heureux » dans une période aussi troublée ? La dimension internationale s'impose dans les meetings. Je fais désormais scander « Stop à la guerre » et témoigne d'une solidarité sans faille envers le peuple ukrainien, comme envers le peuple russe, victime de la folie guerrière de son dirigeant.

À l'Assemblée nationale, je suis désigné par mon groupe pour porter la parole des communistes. Je la sais très attendue. En préparant mon discours, je songe à l'émotion de mon voisin Bernard, à Saint-Amand-les-Eaux, âgé de 85 ans, qui m'a interpellé un soir. Il a connu la Seconde Guerre mondiale, la guerre d'Algérie, et il voit maintenant poindre un nouveau conflit planétaire. « Je ne pensais pas que l'Europe replongerait dans une folie guerrière », me souffle-t-il avec une pointe d'angoisse sincère. La menace est sérieuse. Poutine, nationaliste et d'extrême droite, provoque une guerre en Europe en violant l'intégrité territoriale d'un autre État. On pourra toujours disserter sur les causes de cette attaque, sur la responsabilité de l'Otan et des faucons américains qui poussent sans cesse plus loin leurs pions en Europe, créant un climat de tension avec le dangereux

Poutine – on aura raison de le faire –, mais face à cette agression, la condamnation est sans appel, il ne peut pas y avoir de demi-mesure.

Dans l'hémicycle, je traduis cette position, mais je défends aussi l'idée de la paix, qui est dans les gènes du PCF, et exprime notre inquiétude face au risque d'escalade lié au jeu complexe des alliances entre pays. Pour la première fois près de chez nous, des nations dotées de l'arme nucléaire se font face. Treize mille ogives nucléaires dans le monde, dont 90 % appartiennent aux États-Unis et à la Russie. La France et le Royaume-Uni sont aussi des puissances nucléaires. La menace existe et Poutine ne le cache pas. Pour nous, pour le Parti communiste français, né au lendemain de la Première Guerre mondiale, fort du combat de Jaurès, assassiné pour avoir défendu la paix en 1914, de tous nos combats pour la paix au Vietnam, en Algérie, pour le respect de la souveraineté des peuples, pour la décolonisation, c'est un moment fort. Je relis des textes du parti sur ces périodes terribles de l'histoire de l'humanité où la folie des hommes a conduit à la barbarie. Mon propos sur Vladimir Poutine ce jour-là dans l'hémicycle est donc ferme, sans la moindre ambiguïté, tout en appelant à ouvrir la voie à une issue politique pour éviter un embrasement généralisé. J'ai la sensation de convaincre au-delà de nos rangs. Impression confirmée par les applaudissements sur tous les bancs de l'Assemblée.

À Lille, la mer monte et quelques larmes aussi

Le dernier meeting est programmé à Lille, le jeudi 7 avril, dans ma région. Le Zénith, dont la jauge est modulable, rassemble, comme au Cirque d'hiver à Paris, quelque 5 000 personnes. Nous avons l'idée d'affréter une rame d'un TGV pour convoyer plusieurs centaines de militants de la région parisienne désireux de participer à la fête de clôture. On l'appelle le « train des gens heureux ». L'initiative recueille un énorme succès mais elle nous impose aussi des contraintes horaires. Le train du retour étant prévu à 21 h 15, je dois terminer mon discours environ une demi-heure avant. Or, le meeting démarre en retard, en raison notamment de la forte affluence. Au moment où je m'apprête à monter sur scène, l'équipe me prévient qu'il faudra réduire mon intervention d'une vingtaine de minutes. Je proteste avec véhémence : quels passages enlever ? Je ne parle plus de la guerre en Ukraine ? de la hausse des carburants ? de la vie chère ? Impossible ! D'autant que j'ai envie de commencer… en chantant *Quand la mer monte*, la célèbre ritournelle de Raoul de Godewarsvelde. Je n'ai prévenu personne, sinon je sais que l'équipe mettra tout en œuvre pour me dissuader de le faire. Je me convaincs cependant tout seul d'abandonner cette idée avant de grimper sur l'estrade. Sauf qu'une fois parvenu au centre de la scène, l'émotion me submerge : le monde, l'ambiance chaleureuse, Bernard Thibault, l'ancien secrétaire général de la CGT, qui vient juste de parler, les parlementaires communistes présents et tout ce public venu du Nord et du Pas-de-Calais, de Picardie, les amis, la famille… J'ai su plus tard, au fil de mes rencontres dans la région, que de nombreuses personnes participaient alors pour la première fois à un meeting. Je ressens beaucoup d'amour. Et cette fierté des gens du Nord et du Pas-de-Calais, les Ch'tis. Alors, sans réfléchir, je me mets à fredonner au micro : « Quand la mer monte, j'ai honte, j'ai honte, quand elle descend, je l'attends… » Aussitôt, la salle reprend les paroles en un chœur immense. Rien qu'en écrivant ces lignes, je ressens à nouveau des frissons. Je reçois alors une formidable dose d'affection, d'amitié : on est du même monde !

Au moment où je m'apprête à reprendre le micro pour commencer mon discours, le public entonne cette fois *Les Corons*, un autre hymne régional cher au cœur des Ch'tis, composé par Pierre Bachelet. Je vacille. Les larmes me montent aux yeux. Adieu le discours, je vais me laisser porter. Je sais de toute façon ce que j'ai envie de mettre en avant : l'espoir né de notre formidable campagne et la nécessité d'aller jusqu'au bout, de concrétiser l'élan qui nous porte tous. En clair, j'appelle à voter pour les Jours heureux, malgré une injonction au « vote utile » de plus en plus pressante.

Au cours des jours précédents, j'ai compris à travers des courriers, des mails, des SMS, que beaucoup de nos électeurs potentiels allaient finalement opter pour Jean-Luc Mélenchon, seul capable à leurs yeux d'arriver au second tour. Quelque chose est en train de filer entre nos doigts, sans que l'on puisse faire quoi que ce soit.

Pour illustrer ce « vote utile », je garderai en mémoire une rencontre dans le train du retour vers Saint-Amand-les-Eaux, le vendredi 8 avril dans l'après-midi. La veille, depuis Lille, nous étions rentrés à Paris tard dans la soirée pour participer à l'émission « Les Quatre Vérités » sur France 2. Quatre heures de sommeil pour avoir le temps de lire la presse à 5 heures avant de me présenter à 6 h 50 dans les bureaux de la chaîne. C'est le dernier jour de la campagne, je quitte Paris dans l'après-midi, après un barbecue au siège des communistes du XXe arrondissement, pour retrouver ma ville de Saint-Amand-les-Eaux. Dans le TGV, deux contrôleurs me reconnaissent et m'invitent à échanger avec eux. Je suis crevé, la campagne est terminée, mais j'y vais. Ces deux contrôleurs m'expliquent alors qu'ils ont adoré ma campagne, adhéré au programme, qu'ils défendent eux aussi mes propositions, sur le nucléaire notamment. Comme le dit l'un d'entre eux, « nos trains ne vont pas rouler avec des éoliennes ». Et pourtant, me disent-ils, ils vont voter Mélenchon. Ils n'adhèrent pas à son programme mais ils veulent éviter le pire, le duel Macron-Le Pen. Et pour cela, ils changent de vote. Ça me fout un coup au moral. Ce simple échange, sincère, « entre camarades », restera pour moi un des moments les plus durs de la campagne. Je ne leur en veux surtout pas. Je peux comprendre ce qui les a poussés à faire ce choix. Il faut en finir avec cette hyperprésidentialisation qui conduit à voter pour le mieux placé dans les sondages et non pour le candidat le plus proche de ses idées.

Un seul bulletin pour faire barrage à l'extrême droite

Le soir des résultats, j'ai beau m'être préparé, la déception est immense. La faiblesse de notre score souligne l'injustice du mode de scrutin : avec seulement deux candidats qualifiés pour le second tour, le « vote utile » devient une machine à broyer. On ne vote plus uniquement pour ses convictions, mais par tactique, pour ne pas perdre tout de suite. Ce système est à bout de souffle, j'y reviendrai. Pour l'heure, je modifie la déclaration préparée dans l'après-midi. Il me faut tenir compte de la forte progression en voix du Rassemblement national. Dans 15 circonscriptions, dont la mienne, l'extrême droite dépasse même les 50 % dans plusieurs communes, avec des pointes à 70 %, voire 80 %. C'est un séisme. Il conforte ma décision d'appeler à voter pour Emmanuel Macron au second tour, avec des mots dépourvus de toute ambiguïté. Pour moi, il n'y a plus qu'un bulletin possible pour couper la route de l'Élysée à l'extrême droite, et c'est celui qui porte le nom du Président sortant. Rien ne semble plus pouvoir troubler le scénario tant redouté d'une réélection « par défaut ».

La soirée va pourtant nous réserver un ultime suspense. Au fil des heures, l'écart entre Marine Le Pen et Jean-Luc Mélenchon se resserre. Nous sommes suspendus aux derniers dépouillements à Paris, puis aux fastidieuses vérifications. Il faudra attendre le milieu de la nuit pour connaître le résultat définitif. Pour la deuxième fois, Marine Le Pen arrive au second tour de l'élection présidentielle.

L'injuste ressentiment de la France insoumise

Jean-Luc Mélenchon arrive troisième, avec un déficit de 421 308 voix par rapport à la deuxième. Je n'éprouve aucun sentiment de culpabilité malgré le feu nourri de critiques qui s'abat sur moi. Sur les réseaux sociaux, les sympathisants de La France insoumise se déchaînent. Ils sont focalisés sur le faible écart entre leur candidat et celui de l'extrême droite. Les voix qui manquent seraient parmi celles qui se sont portées sur moi. Ce que j'ai vécu sur le terrain contredit cette « analyse ». Ceux que j'ai rencontrés durant ma campagne et qui ont voté pour moi l'ont fait non seulement parce que j'incarne pour eux un espoir nouveau à gauche, mais aussi parce qu'ils n'adhèrent plus au projet de Jean-Luc Mélenchon et à sa conception de la politique. L'ancien représentant du Front de gauche a radicalisé son discours depuis 2017. Si celui-ci est bien reçu par une partie de la population, pour beaucoup de nos concitoyens que je rencontre, ses déclarations sur la laïcité, sur la police, sur le nucléaire, sur l'élevage et l'agriculture l'ont détourné d'eux.

La candidature que j'ai représentée pour de nouveaux Jours heureux a-t-elle été responsable de l'élimination de Jean-Luc Mélenchon ? Je ne le pense pas. Celles et ceux qui avaient choisi mon bulletin de vote mais qui ont eu peur du duel Macron-Le Pen ont finalement voté pour Mélenchon. Il m'a fait les poches, comme l'indique d'ailleurs un sondage paru quelques mois plus tard, montrant que 37 % des électeurs de Mélenchon ont hésité à voter pour ma candidature, comme j'ai déjà eu l'occasion de le dire.

C'est moi qui devrais me plaindre du rôle des sondages dans les jours précédant le vote, du retournement des électeurs, du « vote utile »! C'est la dure loi de la vie politique. Mais ceux qui ont voté pour moi et qui ont résisté malgré toute cette campagne en faveur de ce « vote utile » n'auraient pas voté pour lui de toute façon, même en cas de retrait de ma candidature. Certains, d'ailleurs, l'auraient vécu comme une trahison. C'était mettre fin à tout ce que nous avions construit ces derniers mois. C'était aussi tirer un trait sur le Parti communiste français, son rôle, ses idées pour les années à venir.

Il faut en revanche s'interroger sur les raisons pour lesquelles Jean-Luc Mélenchon n'a pas su dépasser Marine Le Pen et rassembler plus qu'elle, alors que la candidate d'extrême droite avait Éric Zemmour pour lui prendre des voix. La vérité, c'est que pour avoir une chance de l'emporter, il aurait fallu convaincre les abstentionnistes de se déplacer. Ce sont d'abord eux, les 13 millions de Français indifférents au scrutin, qu'il faut questionner. Et comprendre. Or, ni Jean-Luc Mélenchon, ni moi, ni personne d'ailleurs, n'est parvenu à les faire changer d'avis, en particulier dans les milieux populaires. Cela doit nous interroger.

Enfin, il faut aussi pointer la responsabilité des sondages dans les quinze jours précédant l'élection. Car finalement ce sont eux qui guident une part de plus en plus grande des électeurs et conduisent au vote utile. Ne faudrait-il pas les interdire deux semaines avant le premier tour pour permettre aux citoyens de choisir en fonction des idées et non en fonction de celui qui aurait, selon les sondages, le plus de chances d'être au second tour ?

Au lendemain de l'élection présidentielle, je n'ignore pas le ressentiment d'une partie de la France insoumise à mon égard. Un tel climat augure mal des négociations à venir pour les législatives. Jean-Luc Mélenchon et ses amis ne font pas mystère de leur volonté hégémonique. Ils théorisent d'ailleurs leur attitude dans une phrase révélatrice : « C'est la force qui fait l'union. » Or, pour moi, une union qui se fait sous l'égide de la force est une union mal construite. Fragile.

Mais au soir du premier tour, je suis convaincu d'une chose : si Marine Le Pen l'emporte au second tour, il y aura un raz-de-marée de l'extrême droite à l'Assemblée nationale. Il faut donc tout faire pour qu'elle soit battue.

Dialogue de sourds avec le Président

Entre les deux tours, j'ai un échange téléphonique avec Emmanuel Macron. Je lui explique qu'à mon sens il peut être battu. Il doit donner des gages pour rassembler au-delà de son camp, parler au monde ouvrier. J'ajoute que s'il n'y a qu'un engagement à prendre, il doit porter sur les retraites. Les Français ne veulent pas de cette réforme. Je réclame son abandon, à tout le moins l'organisation d'un référendum. Résultat, lors du débat face à Marine Le Pen, le Président sortant confirme son intention de réformer notre système de retraite. Et chacun comprend que ce ne sera pas dans le sens d'un progrès social. Pourquoi s'étonner, devant une telle arrogance, que le front républicain face à l'extrême droite se fissure aussi largement ?

Malgré tout, beaucoup d'électeurs choisissent de faire barrage à la candidate de l'extrême droite sans pour autant donner quitus au Président concernant sa réforme des retraites. Son obstination à la maintenir risque de lui coûter cher !

CHAPITRE 3

La Nupes, une construction dans la douleur

Et toujours le même Président

Un sacré coup sur la tête. Au lendemain de la présidentielle, l'ambiance est morose. L'inventaire de 2022 fait écho à celui de 1966, chanté par Michel Delpech, dont le refrain faisait tourner en boucle cet ironique constat : « Et toujours, le même Président! » Emmanuel Macron est élu par défaut, parce qu'il fallait impérativement battre Marine Le Pen. Cet objectif-là est atteint, mais au prix d'un cruel état des lieux. L'homme qui détient les clés de l'Élysée pour cinq ans est celui qui a supprimé l'impôt de solidarité sur la fortune, qui a plafonné les taxes sur les revenus financiers, qui a baissé les aides personnalisées au logement (APL), a fermé plus de 20000 lits d'hôpitaux, promis de repousser l'âge de la retraite à 65 ans… Bref, le « Président des riches » est toujours en place pour poursuivre son action méthodique de casse sociale. Comment ne pas être abattu ?

Il faut pourtant se ressaisir, et vite. Car depuis l'inversion du calendrier proposée par Lionel Jospin pour les élections du printemps 2002, la présidentielle est désormais suivie comme son ombre par les législatives. Un enchaînement qui donne un avantage considérable au camp du président nouvellement élu, le plus souvent conforté par un élan légitimiste. D'ailleurs, au nom de quoi les Français se déjugeraient-ils en quelques semaines ? Cette fois pourtant, la crise sociale et l'absence de tout état de grâce ouvrent de nouvelles perspectives. Une percée est possible pour la gauche, pourvu qu'elle sache rassembler ses forces et présenter les candidatures les mieux placées pour l'emporter plutôt que de partir en ordre dispersé. Problème : le temps presse pour établir une telle union. Dans ces conditions, comment être sûr qu'un éventuel accord permettra d'atteindre cet objectif ?

On verra ça plus tard

C'est précisément pour éviter de tels risques que nous, les communistes, lors de notre conférence nationale, dès le mois de mai 2021, avions proposé aux forces de gauche de construire dans la sérénité un « pacte d'engagement » pour les législatives, en se donnant le temps de ne laisser personne au bord du chemin. Cette entente aurait pu s'articuler autour d'une dizaine de grandes propositions structurantes pour le pays, ce qui nous aurait permis de présenter des candidats communs dans de nombreuses circonscriptions. Nous avions proposé cette stratégie aux différents responsables politiques et renouvelé notre offre à plusieurs reprises, malgré les refus successifs. À chaque fois, on nous expliquait qu'il fallait d'abord mener campagne pour la présidentielle et voir plus tard ce qu'il était possible de faire pour les législatives. Sous-entendu : que chacun se compte et l'on appréciera ensuite le rapport de forces issu des urnes.

Ce n'était pas notre vision. Penser les élections législatives uniquement à partir du scrutin présidentiel va à l'encontre de la revalorisation de la place et du rôle du Parlement que nous voulons. Et c'est en contradiction avec une élection où la proximité joue un rôle important. Pour nous, c'est essentiel. Choisir les candidates et les candidats les plus implantés, les plus reconnus, en intégrant dans la réflexion les scrutins précédents, les combats menés localement, c'est se donner les meilleures chances de l'emporter. Mais reconnaître cette réalité aurait conduit La France insoumise à revoir à la baisse ses prétentions. Pour cette formation, la base de l'accord ne pouvait se construire qu'à partir du résultat de Jean-Luc Mélenchon et la campagne des législatives, uniquement autour de lui. C'est une erreur politique, car nos différentes sensibilités, qui existent depuis longtemps, doivent pouvoir s'exprimer pour rassembler le plus largement possible. Malgré tous nos efforts, cette tentative de conclure un préaccord pour les législatives avant la présidentielle a donc échoué.

Quatorze réunions en dix jours

Nous sommes le lundi 18 avril 2022. Il nous faut ainsi repartir de zéro. Première rencontre avec LFI. Riche des quelque 22 % engrangés au premier tour de la présidentielle, la formation se sent en position de force. Elle nous indique ses conditions : l'accord doit se faire sur la base du programme porté par Jean-Luc Mélenchon ; il doit concerner l'ensemble des circonscriptions du pays et se faire au prorata des scores de la présidentielle, en attribuant donc moins d'une cinquantaine de circonscriptions à notre parti ; et enfin, notre alliance doit se doter de structures visant à constituer une sorte de fédération politique. Quelle entrée en matière !

Ce dernier point est, au-delà de l'enjeu électoral, le but recherché depuis de longues années déjà par LFI : constituer une force qui domine toute la gauche, à commencer par notre parti. Notre délégation, conduite par Igor Zamichiei, qui coordonne notre comité exécutif national (CEN), refuse, évidemment. Et tout l'enjeu de la négociation réside alors dans la construction de conditions acceptables pour répondre à l'exigence d'une union qui se donne les meilleures chances de mettre en échec la droite et l'extrême droite. Pour y parvenir, cette union ne peut se faire au détriment de notre autonomie de projet et d'action. Toute l'histoire du PCF montre que c'est son action autonome à gauche qui lui a permis de peser, y compris dans des constructions unitaires larges, pour obtenir des avancées sociales pour le peuple, de la création de la Sécurité sociale au statut de la fonction publique.

En outre, LFI nous indique que le Parti socialiste n'est pas convié à ce rassemblement. C'est à nos yeux là aussi une grosse erreur. Si nous voulons nous donner toutes les chances de l'emporter, c'est-à-dire d'obtenir suffisamment de sièges pour décrocher la majorité, les socialistes doivent faire partie de l'accord. Cela suppose bien sûr de porter des propositions communes, mais on ne peut pas leur fermer la porte a priori. La délégation du PCF en soumet le principe à nos partenaires de La France insoumise mais aussi en interne, au sein de notre comité exécutif national. Les réactions des communistes sont, je le confesse, assez partagées à ce moment-là. En cette fin avril 2022, les débats sont tendus, chez nous comme à l'extérieur. Notre comité exécutif national va d'ailleurs se réunir pas moins de quatorze fois en dix jours. Igor rendra compte, à chaque étape, des négociations qui ont lieu, jour et nuit, entre les différentes forces politiques.

Un pour tous, chacun pour soi!

En ce qui me concerne, je ne me résous pas à la mise hors-jeu des socialistes. Je prends contact avec Olivier Faure pour lui faire part de mon total soutien. Il apprécie le geste et le fait savoir. D'autant que la veille, Mathilde Panot, présidente du groupe LFI à l'Assemblée nationale, lui a signifié par voie de presse une fin de non-recevoir. J'engage une démarche similaire avec Julien Bayou, le responsable d'Europe Écologie Les Verts (EELV). En quelques heures, un pacte se noue entre nous trois, bientôt matérialisé par une boucle WhatsApp. Nous discutons régulièrement pour nous tenir au courant des échanges avec La France insoumise. Ils sont âpres, acharnés, exigeants. Pour tout dire, la perspective d'un accord semble à ce moment-là encore lointaine. Nous prenons alors une décision : aucun de nous ne doit signer si l'un ou les deux autres manquent à l'appel. En clair, soit nous signons l'accord de concert, soit aucun des trois partis ne le signe. Je souris en repensant à ce « pacte » à la durée de vie aussi éphémère que celle d'une antilope perdue au milieu d'une troupe de lions. Nous étions liés, pensais-je naïvement, par un serment digne des mousquetaires. Quelle erreur! La réalité m'a remis en mémoire le bon mot de l'ancien champion cycliste Jean Stablinski, originaire de Thun-Saint-Amand, près de chez moi. Après un championnat du monde au cours duquel aucun coureur de l'équipe de France n'avait joué collectif, l'ancien mineur avait lâché : « Aujourd'hui, c'était tous pour un, chacun pour soi! » Voilà à quoi je pense quand j'apprends, le 1er mai, que Les Verts ont signé un accord avec La France insoumise et que le Parti socialiste s'apprête à faire de même. Il paraît que c'est comme ça, en politique. C'est dommage. La politique gagnerait à retrouver un code d'honneur, à respecter sa parole, comme quand on se tope tout simplement dans la main. Pour ma part, je ne changerai pas d'attitude. Lorsque je conclus un marché, il n'y a pas lieu d'y revenir. C'est une question d'honneur et de respect. Et tant pis si cet état d'esprit n'est pas partagé par tout le monde.

Les programmes en débat

L'accord programmatique conclu a nécessité des dizaines d'heures de discussion. Beaucoup de propositions sont partagées, sur la hausse du Smic, le rétablissement de l'ISF, la rénovation thermique des logements, le développement des services publics… Mais nos différences, qui se confirment au fil des séances de travail, concernent des orientations fondamentales qu'aucune de nos formations n'est prête à abandonner. Voyez-vous LFI ou EELV renoncer à sortir du nucléaire ? Ou, à l'inverse, nous demander de prendre une telle position alors même que notre parti considère cette énergie comme un atout indispensable pour relever le défi climatique et pour notre souveraineté énergétique ? Imaginez-vous construire un programme de toute la gauche prévoyant l'engagement de la France dans une Europe de la défense soumise à l'Otan ? Et au-delà, bien d'autres sujets tout aussi importants font débat, comme la nationalisation de banques ou de grandes entreprises, la fiscalité et la protection sociale, l'Europe…

Chaque sujet est âprement discuté. Pour qu'aucune force n'ait à renier son programme, quand un blocage ne peut être dépassé, nous décidons d'acter un point de désaccord. Trente-trois seront ainsi répertoriés. Cela peut paraître peu au regard des 650 mesures partagées par toutes les forces, mais les lister était indispensable à la conclusion d'un accord dans lequel chacun est respecté. Considérons néanmoins que les relations entre nos formations ne se résument pas à ces quelques dizaines de mesures divergentes ! Un programme doit toujours s'adosser à un projet politique et à une stratégie qui donne une cohérence au changement proposé. C'est ainsi que j'ai porté dans mon projet présidentiel l'ambition d'une révolution du travail, d'un nouveau pacte républicain et d'une nouvelle union européenne des nations et des peuples libres, souverains et associés. En outre, certaines mesures ambitieuses ne peuvent être mises en place sans s'assurer d'utiliser l'argent autrement dans le pays et sans nouveaux pouvoirs d'intervention des salariés dans les entreprises. Ainsi, si nous sommes parvenus à un accord qui permettait notre alliance aux élections législatives, d'importants désaccords persistent. Nous voulons les porter dans le débat public et que les Français s'en saisissent pour construire avec elles, avec eux, le mouvement majoritaire dont le pays a besoin.

À prendre ou à laisser

L'accord sur le programme est conclu. Reste la question des circonscriptions. La dernière réunion de négociation du 2 mai 2022 est surréaliste. Notre délégation fait face aux négociateurs de La France insoumise, mais aussi à ceux du Parti socialiste et d'Europe Écologie Les Verts ! Leur message est clair : « Ou bien vous signez ce que l'on vous propose, ou bien l'accord se fera sans vous. » À prendre ou à laisser en quelque sorte. Nous sommes clairement mis à l'amende, y compris par ceux avec lesquels on s'était promis de rester solidaires. La France insoumise a bien manœuvré. En signant d'abord avec Les Verts et en donnant suffisamment de gages aux socialistes pour envisager une signature rapidement, elle nous met en position de faiblesse par rapport aux deux autres alliés. L'explication d'une telle attitude n'est pas à chercher dans le seul rapport de forces issu du premier tour de la présidentielle. Mon score est en effet supérieur à celui d'Anne Hidalgo et des socialistes. En réalité, pour LFI, il est sans doute plus facile de discuter avec eux qu'avec nous. Et puis, nous exclure de la discussion, c'est aussi la certitude de se répartir davantage de circonscriptions.

À l'issue de l'élection présidentielle, chaque force politique dispose en effet du rapport de forces précis, à la voix près, dans les 577 circonscriptions. Le poids respectif de la gauche, de la droite et de l'extrême droite est disséqué dans chacune de ces circonscriptions. Dans environ 150 d'entre elles, la gauche, à travers l'ensemble de ses candidats, obtient un résultat qui lui donne de très fortes chances de l'emporter si elle est unie. Ce sont les meilleures de France, celles dans lesquelles un candidat de gauche même inconnu a une grande probabilité de gagner. Autant dire que la bataille est rude pour obtenir les investitures dans ces « circonscriptions cinq étoiles ».

Au cours des premiers échanges, La France insoumise se montre intraitable. Elle refuse d'admettre qu'une partie des 22 % réalisés par Jean-Luc Mélenchon est liée au fait que beaucoup de nos concitoyens ont finalement décidé de voter pour le candidat de gauche le mieux placé dans les sondages pour être au second tour et non pas nécessairement pour le candidat le plus proche de leurs idées. Et dans une élection législative, l'implantation politique et l'ancrage personnel des sortants jouent un rôle important. Dans ce contexte, LFI se réserve la grande majorité des meilleures circonscriptions. Et Les Verts parviennent à tirer leur épingle du jeu. L'accord signé avec LFI prévoit en effet que les écologistes disposent d'un groupe dans la future Assemblée nationale. Or, ils n'ont aucun député sortant. Il faut donc leur attribuer au moins 15 circonscriptions parmi les 150 meilleures de la gauche. Pour eux, c'est une très bonne affaire, qui va permettre quelques parachutages retentissants.

Notre ultimatum final pour desserrer l'étau

Pour les socialistes et nous, en revanche, c'est la soupe à la grimace. La France insoumise s'appuie sur le score de son candidat à la présidentielle pour faire main basse sur les meilleures circonscriptions restantes. C'est faire fi d'une longue histoire militante, dans laquelle le parti communiste a pris une part prépondérante. Je pense ainsi à Vénissieux, à Bagneux et à tous ces territoires dans lesquels des maires et des élus communistes sont très connus, en première ligne de tous les combats au service des habitants, pour une société plus juste et plus humaine. Autant de raisons légitimes qui nous poussent à revendiquer des candidatures dans ces circonscriptions-là aussi. Résultat, La France insoumise nous impose un zéro pointé ! Le coup est rude à encaisser.

Le dernier soir, Manuel Bompard, qui mène les négociations pour le mouvement de Jean-Luc Mélenchon, va même jusqu'à proposer de nous réserver seulement

39 circonscriptions pour garantir un accord avec le Parti socialiste ! Autrement dit, un total inférieur au seuil de 50 circonscriptions à partir duquel le financement public est déclenché. Inacceptable. D'autant que, sur les 39 proposées, aucune, au-delà de celles de nos députés sortants, ne figure parmi les meilleures circonscriptions pour la gauche. Et nous savons bien, au vu du poids de l'extrême droite dans ma circonscription comme dans d'autres, que même pour nous, députés sortants, être réélus sera une bataille de chaque instant. Nous mesurons la menace d'investiture de candidats contre nous si nous ne signons pas l'accord, mais accepter une telle « offre » serait un ralliement. Notre délégation prend alors la décision de lancer un ultimatum à La France insoumise. Nous leur laissons jusqu'au lendemain à 10 heures pour nous faire une nouvelle proposition, sinon nous refuserons l'accord et révélerons publiquement qu'ils ne respectent pas leur parole, celle de Jean-Luc Mélenchon, affirmant que l'accord garantira l'existence d'un groupe pour chaque force politique qui en est partie intégrante.

Un mauvais accord auquel il faut se résoudre

Tout va se jouer dans les heures qui viennent désormais. LFI peut-elle maintenir sa proposition au risque de froisser une grande partie de l'électorat communiste ? Jean-Luc Mélenchon et La France insoumise doivent en avoir conscience. Mais notre position est difficile, ils le savent : les autres ont signé et nous avons maintenant l'obligation de conclure. Un compromis est finalement trouvé dans la nuit du 2 au 3 mai vers 4 heures du matin : nous pourrons présenter un candidat dans 50 circonscriptions, dont certaines, au-delà de celles où figurent nos députés sortants, nous offrent des possibilités de gagner les élections grâce à la qualité de nos candidates et candidats. Ce sera difficile mais nous sommes des combattants. Ce n'est pas un bon accord pour nous, mais il faut s'y résoudre. Dans le meilleur des cas, nous aurons un groupe, mais dans le pire des scénarios, nous pouvons perdre des députés. Parmi les députés communistes sortants, deux sont promis à une rude bataille, sur des terres où l'extrême droite a enregistré plus de 50 % au second tour de la présidentielle. C'est le cas de ma circonscription et de celle de mon ami Alain Bruneel, dans le Nord, qui sera finalement battu d'une poignée de voix par le Rassemblement national. Une défaite cruelle, atténuée toutefois par la très belle victoire de Jean-Marc Tellier dans le bassin minier du Pas-de-Calais, lui aussi confronté à l'extrême droite.

Une alliance mais pas un nouveau parti

Négocié dans la douleur, l'accord électoral entre les quatre forces principales de la gauche va donc réunir nos candidats sous un label unique, celui de la Nouvelle Union populaire écologiste et sociale. Beaucoup de commentateurs utilisent d'emblée l'acronyme Nupes comme s'il s'agissait d'un nouveau parti politique. Une confusion que pour ma part je ne commets pas. Chaque formation en son sein conserve en effet ses différences, son organisation, ses propositions. Voilà pourquoi j'utilise rarement l'acronyme, mais plutôt l'appellation complète, pour bien souligner qu'il ne s'agit pas d'un parti. Je ne confonds pas non plus l'alliance du printemps 2022 avec le programme commun de la gauche signé en 1972 par Georges Marchais, François Mitterrand et Robert Fabre, au nom du PCF, du PS et des Radicaux de gauche. Fruit de nombreux mois de discussions, le texte final, articulé autour de quatre grands axes, était beaucoup plus ambitieux que le nôtre, construit en quelques jours en vue des législatives. De plus, il respectait les candidats implantés dans chaque circonscription et n'imposait de candidats communs ni à la présidentielle, ni aux législatives. Les grandes réformes sociales, écologiques et démocratiques que nous voulons mettre en œuvre restent à travailler, entre nous et avec les Français. Tout comme les modalités de reprise de contrôle sur l'économie ou la nationalisation de certaines grandes entreprises, de banques ou d'assurances. Mais il n'y a rien de choquant à cela. Pourquoi faudrait-il être d'accord sur tout, au risque de s'entendre sur le plus petit dénominateur commun ? À force de gommer nos différences et de faire semblant, la confiance des électeurs s'effrite. Et la déception est au bout. Il faut au contraire assumer la diversité de la gauche. Faire vivre nos caractéristiques doit être un atout et non un handicap.

Si, si, c'est bien une défaite

Au soir du second tour des législatives, plusieurs constats s'imposent, entre la perte de la majorité absolue pour le camp présidentiel, la bonne tenue de la gauche ou la forte poussée de l'extrême droite. Quelques leçons donc, mais laquelle retenir en priorité ? Sur les plateaux de télévision, la tentation est grande, parmi les commentateurs et les représentants des partis d'opposition, d'appuyer sur le revers essuyé par le Président sortant. À gauche, certains affichent même un large sourire, celui qui accompagne les grandes victoires. Je suis loin de partager cet optimisme. Certes, notre alliance a permis à la gauche de doubler le nombre de ses députés, une avancée importante qui mérite d'être soulignée. Mais elle tient principalement à la présentation de candidatures uniques et non à un réel progrès de l'influence de nos propositions communes puisque nous obtenons au premier tour un pourcentage de suffrages exprimés équivalent aux scores cumulés de nos candidats respectifs en 2017. C'est en outre toujours un des plus mauvais résultats de l'histoire de la gauche. Nous restons lucides : face à nous vont désormais siéger 426 députés de droite et d'extrême droite. Même si elle n'est que relative, la majorité parlementaire reste possible pour le Président, qui pourra s'appuyer sans nul doute sur la droite et sur une abstention de l'extrême droite qui cherche à s'institutionnaliser. Le Rassemblement national de Marine Le Pen fait une entrée en force dans l'hémicycle. La menace enfle. Qui, parmi nous, peut se satisfaire d'un tel panorama ? Ne nous trompons pas d'analyse ni de chemin, sinon on ne corrigera jamais le tir. Il reste pour la gauche un plafond de verre à faire sauter et des changements importants à mettre en œuvre pour retrouver le chemin du succès. J'en ai d'autant plus la conviction que je viens de vivre, sur le plan personnel, une campagne des législatives éprouvante, décapante et parfois déstabilisante.

Gagner suppose que la gauche se renforce

Réussir à rassembler une majorité implique que chaque composante de la gauche se renforce considérablement. Car nos échecs successifs aux derniers scrutins ne relèvent pas de notre division mais de la faiblesse de nos scores respectifs. Si François Mitterrand l'a emporté en 1981, c'est aussi parce que Georges Marchais a recueilli quelque 4,5 millions de voix au premier tour et lui a ainsi apporté le renfort dont avait besoin le candidat socialiste. Ensuite, c'est aux Français de désigner la force politique à laquelle ils veulent donner le plus de poids. Est-ce qu'ils souhaitent confier le premier rôle à gauche aux socialistes, aux insoumis, aux écologistes, aux communistes ? C'est un choix très important, naturellement, mais il n'est pas synonyme d'effacement pour les autres. C'est seulement une fois cette étape franchie – et bien sûr si nous avons la majorité – que se pose la question de former un gouvernement.

De ce point de vue, le défi à relever ne peut se résumer à la pérennité ou à la fin de la Nouvelle union populaire écologique et sociale. Comme si nous devions choisir entre rassemblement ou pas de rassemblement ! Bien sûr que nous le voulons, cela a toujours été notre principe. D'ailleurs, nous en faisons le choix à chaque élection, aux municipales, aux départementales, aux régionales, en construisant des listes, des binômes avec d'autres forces de gauche ou avec des citoyens sans étiquette politique. En ce mois de mai 2022, nous faisons aussi preuve d'un grand esprit de responsabilité en acceptant l'accord de la Nupes et nous payons cher cet accord de rassemblement en acceptant de n'avoir des candidats que dans 50 circonscriptions sur 577. La question est : comment convaincre plus de monde de voter ? Comment s'adresser aux abstentionnistes pour dépasser les 30 % et chercher les 50 %, en vue de construire une majorité ? L'objectif pour chaque force de gauche n'est pas de se disputer les électeurs que nous avons en commun mais bien d'en convaincre de nouveaux et de se renforcer. Il faut une gauche plus forte avec des partis de gauche plus forts. Sur ce chemin, pour que la gauche l'emporte, le Parti communiste français doit reconstruire son influence, se consolider durablement. Avec ses propositions originales et de rupture avec le capitalisme, il est redevenu une force qui compte dans le pays. Il a toute sa place à prendre pour reconquérir un électorat perdu. Reconstruire l'influence du PCF, c'est aussi redonner du poids à toute la gauche en termes d'influence, mais aussi de contenu.

CHAPITRE 4

Ce plafond de verre que la gauche doit briser

Abstenez-vous, nous nous chargeons du reste

Au sortir de la double séquence électorale du printemps 2022, les Français souffrent toujours autant. À bien des égards, leur situation a même empiré. Les causes sont parfaitement identifiées et le responsable est connu de tous. Et pourtant, c'est bel et bien lui qui est sorti vainqueur du grand rendez-vous électoral organisé tous les cinq ans. Par quel prodige le modèle libéral a-t-il une nouvelle fois posé une main de fer sur nos institutions ? Comment s'y prend-il pour garder sous sa coupe à la fois l'Élysée et l'Assemblée nationale, sous le vacarme assourdissant de la colère populaire ? Oui, comment une telle emprise est-elle possible quand le modèle déployé à grande échelle par une minorité de privilégiés précarise une partie grandissante de la population et sape avec constance les acquis sociaux de l'après-guerre ?

La première raison tient en une opération savamment orchestrée : détourner du scrutin des millions de Français en instillant l'idée que leur vote est inutile. Treize millions d'électeurs se sont abstenus à la présidentielle, vingt-six millions, soit le double, aux législatives, le compte est impressionnant. Pour les élites au pouvoir, il y a de quoi se frotter les mains. Car pendant que tous ceux qui auraient le plus besoin d'un changement boudent les urnes, par dépit, les tenants de l'ordre établi, eux, se mobilisent pleinement pour désigner celui qui va représenter leurs intérêts.

Des affaires à l'effet dévastateur

La litanie des affaires nourrit jusqu'à l'écœurement le sentiment que « tout est pourri là-haut ». Des exemples ? Pas besoin d'aller en chercher très loin. Le scandale des cabinets de conseil, révélé par une commission d'enquête du Sénat, est édifiant. Quelle fierté pour les communistes qu'Éliane Assassi, présidente du groupe communiste, républicain, citoyen et écologiste, en soit la rapporteure ! Chacun mesure ici l'utilité d'élus communistes qui n'hésitent pas à affronter le pouvoir. Ce recours par le gouvernement à une officine privée aux prix exorbitants, McKinsey, au lieu de la fonction publique, ainsi que le soupçon de favoritisme produisent un effet dévastateur sur les Français. Ils sont révulsés par un tel mélange des genres et considèrent qu'ils sont dirigés par des « technos » obnubilés par l'argent et coupés du monde réel.

Transformer ce dégoût en volonté de mettre en œuvre, par le vote, d'autres choix, conformes à leurs intérêts, nécessite d'immenses efforts politiques. Tant de nos concitoyens se défient de la politique. Le camp libéral en profite pour avancer ses pions. Il a ainsi marqué beaucoup de points dans l'opinion publique ces dernières années. Par exemple, en assimilant les cotisations sociales à des « charges », pour accréditer l'idée qu'il y a trop d'« impôts » dans notre pays. D'où la nécessité de les baisser ou de les supprimer, au risque d'affaiblir la Sécurité sociale au profit des assurances privées. Une tactique délibérée qui, au passage, sert d'abord les premiers de cordée : ce sont surtout les impôts des riches qui ont baissé depuis l'arrivée d'Emmanuel Macron à l'Élysée.

La « désabusion » de l'électorat populaire

Aux permanences que je tiens chaque fin de semaine dans ma circonscription, trois personnes sur quatre ne sont pas inscrites sur les listes électorales. Elles viennent me voir, me connaissent, m'aiment bien pour la plupart, mais elles ne votent jamais. Pourquoi ? La réponse claque comme un fouet : « Parce que cela ne sert à rien, vous le savez bien. » Elles sont sincères et leur conviction est solidement ancrée. Quelle que soit l'identité du locataire de l'Élysée ou de Matignon, elles savent d'avance que leur vie ne changera pas. « Il y a une guerre des classes, c'est un fait, théorisait le milliardaire américain Warren Buffet, lors d'un entretien télévisé en 2005. Mais c'est ma classe, celle des riches, qui mène cette guerre et qui est en train de la gagner. » Oui, elle est en train de la gagner parce qu'elle rejette toute une partie de l'électorat populaire dans l'indifférence, dans ce que le regretté Nino Ferrer appelait joliment la « désabusion ».

Pendant ce temps-là, le capitalisme en profite pour engranger des parts de marché de plus en plus importantes sur le dos des États, des citoyens et des services publics. Il étend sa toile au détriment de ceux qui travaillent, qu'ils soient ouvriers, enseignants, paysans, ingénieurs, chercheurs, comédiens, soignants… Résultat, la peur du déclassement, la crainte du chômage, la hantise de la pauvreté finissent par étouffer les espoirs d'un changement collectif. Toutes ces angoisses incitent plutôt au repli sur soi, à l'individualisme, voire à la suspicion à l'égard de ceux qui s'en sortiraient mieux sans fournir autant d'efforts.

La classe moyenne n'échappe pas à ces troubles. À la rentrée de septembre, un couple parmi d'autres m'exposait ainsi sa situation. À eux deux, ils touchent 3 262 euros par mois. Un prêt à rembourser pour la maison, un autre pour la voiture, un troisième pour les études du garçon, l'essence à payer pour les deux véhicules, sans parler des dépenses courantes comme les croquettes pour le chien, et le budget familial s'envole, avec un déficit de plus de 600 euros par mois. Quelles sont ses perspectives ? Le surendettement perpétuel ? la vente de la maison ? l'arrêt des études pour le gamin ? Ce couple, je le sais, est rongé autant par l'incertitude que par la colère. J'essaie d'imaginer comment tous deux pourraient voter, comment cette situation pourrait les inciter, ou pas, à s'engager, à s'intéresser à la politique ou à se replier sur eux-mêmes. J'aimerais pousser la discussion et certainement le ferai-je lors d'une prochaine rencontre. Mais ce jour-là, à l'issue de notre échange, je n'ose pas parler politique, tellement leur désarroi est profond. Une permanence n'est pas non plus un lieu très approprié. Mais ce que je vois, c'est surtout un couple qui est à bout et qui cherche des solutions immédiates pour son budget. Sans réponse concrète, il n'y a pas de place pour la politique. Et pourtant, c'est elle, la politique, qui peut changer la vie.

Ce que je retiens de ces rencontres, c'est d'abord le regard de ces hommes, de ces femmes, perdu, désespéré au point de venir voir leur député, avec un peu d'espoir de trouver une solution. Et dans ce regard, je vois rarement la flamme de l'engagement, du combat, de la révolte. Et je le comprends. Comment décider d'aller à une réunion publique, de participer à une manifestation quand le surendettement vous guette, quand on n'arrive plus à remplir son frigo ou quand on vit dans un logement insalubre ? Ces problèmes de la vie quotidienne, qui touchent de plus en plus de Français, que ce soient ceux des classes populaires ou ceux des classes moyennes, deviennent leurs seuls sujets de préoccupation. Les causes de leurs problèmes sont « les politiques », quels qu'ils soient. À partir de là, la défiance vis-à-vis du système se met en place, tout doucement. Raison de plus pour écouter les habitants de cette France-là, pour aller à leur rencontre, avec modestie et sans a priori. Je veux à chaque fois trouver les réponses en partant de leurs vies et leur parler en empruntant leurs mots. Pour les convaincre de s'intéresser, un peu, à la politique, comme moi je m'intéresse à eux. C'est à nous, responsables politiques, militants, d'ouvrir nos oreilles et de lutter contre le sentiment d'abandon qui mine tant de nos concitoyens.

Dresser les Français les uns contre les autres

L'union fait la force. Depuis 1831, notre voisine, la Belgique, affiche fièrement sa devise nationale, en référence aux principes fondateurs du plat pays. Chez nous, c'est un autre dicton, bien moins glorieux, qui sert de boussole au gouvernement : diviser pour mieux régner. La tactique n'est pas nouvelle, bien sûr, pour un pouvoir confronté à une puissante fronde populaire. Mais rarement, sans doute, aura-t-elle été utilisée avec autant de cynisme que durant l'automne 2022. Dans une situation sociale aussi grave pour les Français, pris au piège de l'inflation et des pénuries, cette attitude m'a profondément écœuré, révolté même. Comment réagir autrement lorsque certains néolibéraux en viennent à traiter de factieux et de fauteurs de troubles à l'ordre public des ouvriers de la chimie en grève dans des raffineries ? Ils osent même sous-entendre que ces travailleurs seraient des « nantis », eux dont les salaires varient entre 1 600 et 2 500 euros pour un ouvrier de base, quand le PDG de Total, lui, affiche une rémunération de 500 000 euros par mois.

Le gouvernement multiplie ainsi les contre-feux, sans craindre de se brûler les doigts en remuant les plus bas instincts. Un exemple ? La réforme de l'enseignement professionnel prévoit de diminuer les enseignements généraux, notamment de réduire le nombre d'heures consacrées à l'histoire de France en classe de terminale. Elle conduira à la suppression de milliers de postes d'enseignants. La mobilisation est historique dans ces établissements. Or, plutôt que le grand débat réclamé par les enseignants et les parents sur le lycée professionnel, le ministère a préféré nourrir les discussions sur l'« augmentation des faits d'atteinte au principe de laïcité dans les écoles, collèges et lycées », en particulier par le port de signes et tenues religieux. Au lieu d'essayer d'en faire un sujet de division, le gouvernement devrait mesurer le fait que l'enjeu pour lutter contre ces atteintes, c'est précisément de donner le temps aux enseignants d'exercer leur métier, et de permettre à nos enfants d'accéder aux savoirs, à la connaissance ! C'est comme cela que nous ferons reculer l'obscurantisme et les intégrismes religieux.

Le chiffon noir flotte sur la marmite

Pour se maintenir, le pouvoir en place peut s'appuyer sur un fidèle allié. Comme d'autres avant lui, le président de la République continue d'agiter le chiffon noir du Rassemblement national. Depuis 2017, le gouvernement ne rate jamais une occasion de mettre sur la place publique les questions qui divisent profondément notre peuple, comme l'identité nationale, l'immigration ou l'islamisme. Mais à force de tirer sur la ficelle, aussi grosse soit-elle, elle finira sans doute par casser.

En 1986, à la faveur d'un scrutin à la proportionnelle intégrale, le Front national de Jean-Marie Le Pen faisait entrer

35 députés à l'Assemblée nationale. Trente-six ans plus tard, son frère jumeau, le Rassemblement national, a plus que doublé la mise, en dépit d'un scrutin majoritaire à deux tours censé lui faire barrage. Tel est le triste bilan d'Emmanuel Macron avec l'extrême droite. C'est un fait incontestable, la politique menée depuis plus de cinq ans maintenant a contribué à installer durablement cette mouvance dans notre pays. Jusqu'à lui offrir sur un plateau deux postes de vice-président à l'Assemblée nationale.

Le mirage du Rassemblement national

En agissant de la sorte, le gouvernement nourrit en effet le ressentiment et favorise la montée de l'extrémisme. C'est un risque inconsidéré, car l'avènement au pouvoir d'un tel courant politique serait dévastateur. Pour au moins deux raisons.

D'abord parce que le Rassemblement national est la formation politique qui divise le plus les Français, en fonction de leurs origines, de leur religion ou de leur couleur de peau. C'est sa première raison d'être. Une fois au pouvoir, les dirigeants nationalistes mettraient aussitôt en place une série de mesures qui susciteraient une révolte non seulement du camp progressiste, mais aussi de tous ceux qui sont attachés aux valeurs universalistes de la république. L'arrivée au pouvoir de Marine Le Pen et ses amis se solderait, je le crains, par un climat de guerre civile.

Ce péril est identifié de longue date, en dépit de la mascarade d'une dédiabolisation aux allures de conte pour enfants. En revanche, le mirage d'un Rassemblement national au service des intérêts de la classe populaire mérite encore d'être dissipé. Car, en la matière, il y a loin de la coupe aux lèvres. Le parti de madame Le Pen est en effet celui qui a refusé de voter, au mois d'octobre 2022, l'amendement sur le rétablissement de l'impôt de solidarité sur la fortune. C'est ce parti aussi qui a refusé l'augmentation du Smic et celle des salaires en général, toujours lors du débat budgétaire de l'automne. Plus précisément, les députés du Rassemblement national proposent une hausse de 10 % des salaires mais financée par de nouvelles baisses de cotisations sociales, qui elles même seraient compensées par, je cite, la « fin de l'immigration ». Autrement dit, l'extrême droite plaide pour une hausse des salaires prise en charge non pas par les entreprises mais par les Français eux-mêmes, en leur prenant d'une main ce qu'elle leur accorderait de l'autre. Et cela alors que les exonérations de cotisations sociales coûtent déjà au budget de l'État plus de 70 milliards d'euros par le jeu des compensations. L'État qui, rappelons-le, paie donc des cotisations sociales pour des salariés de LVMH, Amazon, Total, la BNP… Autant de grands groupes qui n'ont nul besoin de ces aides. Or, que dit Marine Le Pen à ce sujet? « Continuons! » Elle s'inscrit dans la continuité de la politique libérale à l'œuvre dans notre pays depuis plus de trente ans, en voulant la durcir jusqu'à l'instauration d'un pouvoir ultra-autoritaire qui anéantirait la république et ses principes d'égalité et de fraternité. Elle promeut un modèle de sécurité sociale qui glisserait progressivement, au gré des baisses de cotisations, vers un système d'assurance privée, pour compenser les inévitables suppressions de remboursements.

Sucré dehors, acide dedans : la réalité du RN

Comment dans ces conditions le Rassemblement national arrive-t-il à tromper une partie de son électorat, sincèrement convaincu par son ancrage social ? Pour réussir une telle gageure, il faut autant de culot que de savoir-faire. L'extrême droite ne manque ni de l'un ni de l'autre. Elle s'appuie sur un discours simple, accessible à tous, mais mensonger, derrière lequel s'effacent les réalités encombrantes. Un peu comme ces bonbons sucrés, agréables au premier contact, mais bien plus acides lorsque l'on croque dedans.

Marine Le Pen peut bien s'afficher en reine des chats, elle éprouve en réalité peu de considération pour le vivant, à commencer par l'être humain lui-même. Son positionnement nationaliste, identitaire, libéral, la rapproche de Vladimir Poutine, Donald Trump, Jair Bolsonaro ou Giorgia Meloni. Notre pays a tout à craindre d'une telle proximité. Et aurait beaucoup à y perdre.

Un autre discours à construire à gauche

Dans cette dérive droitière, la gauche n'est pas exempte de reproches. Elle n'arrive plus, depuis longtemps déjà, à s'approprier les préoccupations de la classe ouvrière, dont je sais qu'elle a toujours le cœur rouge, mais qu'elle éprouve aussi une colère noire. Il faut pouvoir parler à ce cœur battant pour mieux l'éloigner des ressentiments les plus néfastes. La gauche porte une énorme responsabilité vis-à-vis du monde du travail. De la classe ouvrière jusqu'à la classe moyenne et même à une partie de la bourgeoisie, elle doit être capable de rassembler une majorité en respectant tous les choix de vie, les traditions, les cultures, les territoires. Elle doit savoir parler à toute la France, celle des grandes villes comme celle des villages. Elle doit sortir d'un discours moralisateur et donneur de leçons, surtout quand des dirigeants ou des députés venus des grandes villes viennent expliquer aux habitants des campagnes comment il faut vivre, manger, se déplacer, se comporter avec les animaux, avec la nature, voire renoncer à certaines traditions. Alors oui, pour cela, elle doit renouer le dialogue.

L'habileté du Rassemblement national met aussi en lumière la faiblesse du discours de la gauche. En tout cas sa faible portée dans l'opinion en général et dans les classes populaires en particulier. Pourquoi, lorsqu'elle porte de bonnes propositions pour améliorer le sort des gens modestes et des travailleurs, n'arrive-t-elle pas à convaincre plus largement ? À l'aise pour s'emparer des sujets sociétaux, une grande partie de la gauche l'est beaucoup moins, et c'est un paradoxe, pour traiter la question sociale ou le rapport au travail. Pire, elle est capable de s'ériger en donneuse de leçons en direction des catégories populaires en matière d'écologie par exemple. Or, dans le combat essentiel pour la transition écologique, on ne peut l'emporter en s'exonérant de la justice sociale. Même constat avec d'autres sujets de préoccupation des Français, comme la souveraineté, la nation, le patrimoine culturel ou les traditions, la tranquillité publique, que certains à gauche ont abandonné au profit de la droite et de l'extrême droite. Pendant ce temps-là, une partie de la gauche a laissé « infuser » le capitalisme en elle. Elle en est venue à s'accommoder du chômage de masse et de son traitement social, à vivre, en quelque sorte, avec les minima sociaux, plutôt que de s'en prendre au fléau lui-même.

D'abord écouter ce que les Français ont à nous dire

Je souhaite que nous revenions à un principe de base, dont nous n'aurions jamais dû nous écarter : bâtir notre réflexion à partir de ce que les gens ont dans la tête, même si cela ne nous plaît pas, même si c'est difficile à entendre. Cela ne revient pas à accepter tout ce que disent les Français, mais plutôt à partir de leurs préoccupations pour apporter des réponses progressistes, humanistes, sociales, républicaines, à leurs problèmes. En aucun cas nous ne devons les repousser, au prétexte que ce qui les anime ne correspond pas à ce que nous défendons. C'est à nous de faire le chemin vers eux, et non l'inverse.

En écrivant cela, je ne prétends pas imposer une quelconque marque de fabrique personnelle. Et pour cause, c'est celle du Parti communiste français depuis toujours. Simplement, depuis que je suis le secrétaire national, je m'efforce d'amplifier cette démarche d'écoute, sans a priori ni jugement. La force de notre parti est d'être implanté dans toute la France, dans les villes comme dans les villages, dans les entreprises de toutes tailles comme dans le milieu associatif. Nous avons des élus dans tous les territoires. Ils entendent les mêmes inquiétudes, les mêmes récriminations que moi. Soyons clairs, rien dans ce que je dis aujourd'hui, sur la gauche du travail, sur l'énergie nucléaire ou sur les salaires, n'est nouveau. Le PCF en a parlé à maintes reprises dans le passé, y compris par la bouche de Pierre Laurent et Marie-George Buffet, les deux derniers secrétaires nationaux. La différence, c'est le degré d'importance et de priorité que l'on donne à ces idées.

C'est pourquoi nous avons décidé, avec la nouvelle direction, de remettre « en haut de la pile » tous les sujets qui ont trait au monde du travail et au système d'exploitation. En ferraillant avec la droite sur « la France du travail contre la France des allocs », je mesure naturellement le risque encouru. Celui par exemple d'être comparé à un Laurent Wauquiez, ce qui m'est d'autant plus odieux que ce dernier stigmatise les exclus du système en incriminant le « cancer de l'assistanat ». Mais quand je prends la parole sur ce thème, à la Fête de l'Humanité, des oreilles s'ouvrent, en particulier à gauche. Et une fois qu'elles sont bien ouvertes, j'amène mon contenu, qui n'a rien à voir avec ce que défend le front libéral. Sur le sens du travail, sur le rôle émancipateur qu'il doit jouer, je ne serai jamais frileux.

J'assume pleinement ce choix d'être combatif, offensif, autant que celui des expressions utilisées. Tout comme je revendique l'initiative de traiter de la sécurité pendant la campagne présidentielle franchement, sans tabou ni faux-semblant. Et même de participer à une manifestation organisée par des syndicats de policiers, dont certains, et non des moindres, se montrent prêts au dialogue avec la gauche, à la suite du meurtre de l'un d'entre eux. Pourquoi ? Parce qu'il ne faut plus laisser la droite et l'extrême droite s'emparer de ces sujets, souvent en tête des préoccupations de nos concitoyens. Il ne faut plus hésiter à s'en saisir, non pas pour participer à une quelconque surenchère liberticide, mais pour au contraire affirmer nos valeurs humanistes, progressistes, et nos choix de société.

Nous avons tous été dévastés, en octobre dernier, par le meurtre horrible de la jeune Lola. Chaque famille pouvait se sentir concernée par un tel drame, autour duquel s'imposent comme une évidence la compassion, le recueillement et la dignité. Or, l'extrême droite et une partie de la droite, avant même que l'enfant ne soit enterrée, se sont servis de la tragédie pour attaquer le gouvernement sur le non-respect d'une obligation de quitter le territoire français dont faisait l'objet la meurtrière présumée. Une tentative de récupération abominable, prolongée par des manifestations aux relents racistes. J'ai bien sûr dénoncé, comme d'autres, cette manœuvre dégradante. Pour autant, je me suis gardé de nier la dimension politique de l'affaire, car les gens que j'ai rencontrés durant cette période m'interpellaient sur ce crime : « Comment est-ce possible ? » « Comment mieux protéger nos enfants ? » Il faut répondre à ces questions. Et opposer au discours raciste de l'extrême droite un discours qui s'attache à rétablir la complexité des causes d'un crime aussi horrible. Quel a été le parcours de cette jeune femme, quels sont ses problèmes psychiatriques ? Poser ces questions, ce n'est en aucun cas excuser le crime, c'est au contraire chercher à en tirer toutes les leçons pour que notre société puisse demain mieux prévenir de tels actes. Les Français veulent savoir, et c'est légitime, si une telle atrocité aurait pu être évitée, et si oui, comment ? Ces questions-là ne doivent pas être évacuées.

Provoquer pour être entendu

Le Parti communiste français a toujours tenu un discours clair sur nombre d'enjeux politiques majeurs. Or ces idées n'ont pas été suffisamment entendues. Tout simplement parce que nous craignons d'être accusés d'aller sur le terrain de la droite. C'est une erreur fondamentale de croire que parce que la droite détourne de grandes questions comme celle de la laïcité pour diviser nos concitoyens, il faudrait que la gauche abandonne tout discours en la matière. S'en emparer permet au contraire de ne rien lâcher sur nos fondamentaux, et de restaurer dans leur sens d'émancipation profond les principes de notre République.

Je ne sais pas si une telle attitude nous permettra de briser le plafond de verre sur lequel la gauche butte depuis plusieurs élections maintenant. Mais je suis prêt à mener cette bataille idéologique, quel que soit le prix à payer. Et il est parfois élevé. Je me suis par moments senti bien seul lorsque se développait telle ou telle polémique sur des sujets que j'avais lancés. C'est pourquoi je regrette les attaques de certains dirigeants de gauche lorsque je m'avance sur ces terrains. Il faudrait au contraire faire front ensemble pour reprendre la main sur les libéraux et les réactionnaires. Depuis le début de mon mandat, j'ai tenu cette ligne de combat, comme toute l'équipe avec laquelle je travaille au siège du PCF, et je souhaite pouvoir continuer de le faire.

Depuis des mois, au fil des campagnes, j'ai compris qu'il fallait provoquer le débat, utiliser des mots, des phrases, des expressions susceptibles de nourrir la contestation, voire la controverse. Dans le monde médiatique d'aujourd'hui, si le Parti communiste français n'est pas en capacité de parler de cette façon, alors il disparaîtra des radars. Il faut savoir prendre des risques pour alimenter des débats sérieux sur le sens du travail, la République, la justice fiscale et tant d'autres sujets.

Sortir de l'impasse démocratique

Les mouvements sociaux de l'automne 2022, tout comme la crise des Gilets jaunes durant le mandat précédent, témoignent du désordre social qui paralyse notre pays. Le président de la République, qui n'écoute personne en dehors d'un cercle restreint de conseillers, impose le rapport de forces pour se faire entendre. Alors que 30 % des électeurs qui ont voté pour lui au second tour n'ont pas approuvé son programme, il avance à marche forcée, au mépris des parlementaires, des syndicats et des corps intermédiaires. Là où il devrait s'appuyer sur le référendum, par exemple pour faire valider des réformes aussi importantes que celle des retraites, il coupe court à la discussion et multiplie les recours au 49-3 à l'Assemblée nationale. La responsabilité du chef de l'État dans l'impasse démocratique actuelle est donc immense. Face à un tel blocage, beaucoup avancent la nécessité d'une réforme institutionnelle. Elle est sans nul doute nécessaire. À l'automne 2022, nous avons célébré les 60 ans de l'instauration de l'élection présidentielle au suffrage universel. Voulue par le général de Gaulle, malgré un avis contraire du Conseil d'État (à l'unanimité moins une voix) et une motion de censure de l'Assemblée nationale, la réforme va consacrer la présidentialisation de nos institutions et la personnalisation de la vie politique nationale. Il est temps d'en finir avec cette vision bonapartiste de l'homme providentiel, devenue anachronique dans l'Europe du XXIe siècle.

Oui, notre démocratie a été terriblement abîmée par ces six années de pouvoir d'Emmanuel Macron et de sa majorité. Ils pourront toujours le contester, la réalité est là. Nul besoin d'aller chercher les causes de l'abstention plus loin. À l'heure où j'écris ces lignes, la Première ministre vient de faire tomber son dixième 49-3. Le gouvernement a annoncé sa réforme des retraites prévoyant d'augmenter l'âge de départ à 64, voire 65 ans, alors que toutes les organisations syndicales y sont opposées. Alors, à quoi sert le Parlement ? À quoi servent les représentants des salariés ? À quoi joue le gouvernement quand il prétend organiser la concertation sur les retraites comme sur la réforme de l'assurance chômage ? Ces 49-3 à répétition, ces concertations bidon sont d'une brutalité sans nom. Cela pose directement la question du rôle du député. À quoi servons-nous si toute discussion est fermée, si tout notre travail d'amendement est rejeté ? J'ose à peine imaginer ce que nous allons dire à nos concitoyens demain pour les inviter à voter aux élections législatives. Si ce n'est de les inviter à voter pour celles et ceux qui s'engagent, comme nous, à enlever le 49-3 de la Constitution et à redonner le pouvoir au peuple, par référendum, à chaque fois qu'il sera possible ! Oui, il y a besoin d'engager une grande réforme de nos institutions pour réveiller la démocratie et remettre chaque citoyenne, chaque citoyen au cœur de toutes les décisions du pays.

De réels pouvoirs pour les salariés

À mes yeux, la révolution primordiale à entreprendre concerne le monde du travail. Renforcer le pouvoir de contrôle et de décision des salariés dans l'entreprise, voilà le défi à relever dans les prochaines années. Si demain nous arrivons au pouvoir, notre première réforme sera de donner de réels pouvoirs aux représentants des salariés dans les conseils d'administration. L'objectif ? Transformer profondément les critères de gestion des entreprises. Il s'agira de construire un processus où la souveraineté sur le travail sera aussi celle des travailleurs, confisquée aujourd'hui par les seuls détenteurs de capital. Ils disposeront de droits réels pour intervenir sur les décisions concernant la gestion de l'outil de travail, la répartition des richesses et les grandes décisions stratégiques, avec le soutien de l'État, par le biais de l'argent public, quand le projet de l'entreprise répond à des critères définis ensemble. Et surtout le soutien de banques publiques pour financer les investissements, autant que les créations d'emplois et la formation. Pourquoi une telle révolution ? Parce que le travail doit être utile au développement de la société, en répondant à des besoins humains. Et il doit être émancipateur pour les travailleuses, les travailleurs. Pourquoi devrait-il être une exploitation aux seules fins d'accumuler du capital entre quelques mains, quitte à produire n'importe quoi, dans n'importe quelles conditions ? Quelle « loi naturelle » imposerait un tel principe, que l'objet d'une entreprise soit de dégager des profits pour les actionnaires plutôt que de produire mieux des biens et des services utiles à la société et à des progrès de civilisation ?

Imaginez un peu ce que cela donnerait chez TotalEnergies si les salariés avaient ne serait-ce qu'un poids équivalent à celui des actionnaires ! Ils auraient sans doute demandé que les 18 milliards de bénéfices réalisés en 2022 soient répartis entre des hausses de salaires, des offres de formation, des investissements importants pour la transition énergétique, pour la relocalisation en France d'activités comme la méthanisation à Dunkerque… Un changement de rapport de forces au cœur même de la production transformerait fondamentalement la vie des travailleurs dans l'entreprise, en redonnant du sens à leur travail. Il permettrait de satisfaire bien des besoins auxquels les règles du marché, celles de la rentabilité financière maximale, empêchent de répondre aujourd'hui. La première révolution démocratique, c'est celle du travail, de la place des salariés dans les choix de gestion des entreprises.

Si on avait écouté les salariés de Verallia…

Dans mon précédent livre, *Ma France*, j'ai raconté une lutte qui m'a particulièrement marqué, celle des salariés du groupe Verallia, leader européen et troisième producteur mondial de l'emballage en verre. Un délégué syndical de la CGT m'avait alerté, comme d'autres députés, au sujet de deux décisions quasi concomitantes prises par l'entreprise : d'abord le versement de 100 millions d'euros de dividendes aux actionnaires puis, deux jours après, l'annonce de la suppression de 220 emplois et la fermeture d'un four à Cognac. Dans le même temps, le groupe décidait l'importation de bouteilles en verre… d'Ukraine. C'était au mois de juin 2020. Deux ans plus tard, le bilan est accablant. La guerre en Ukraine, doublée d'une crise sans précédent chez les viticulteurs privés d'embouteillage, impose au groupe de réaliser en catastrophe des investissements pour rouvrir des fours en France, et notamment à Cognac ! Entre-temps, le directeur général a été muté, mais pas licencié, car dans ce monde-là, même quand on fait des erreurs, on retrouve vite une place. En revanche, beaucoup de salariés, eux, ont perdu leur emploi et même la vie pour deux d'entre eux, dans un contexte de mal-être général. J'ai revu au mois d'octobre dernier Dominique, le délégué syndical, qui m'a expliqué que Verallia embauchait à nouveau. Que de drames pour en arriver là ! Cela nourrit mon indignation tous les jours. Si Dominique et ses camarades avaient de réels pouvoirs dans la gestion de l'entreprise pour peser sur les orientations stratégiques, pour définir les besoins et les investissements, avec la connaissance de leur métier et de leur outil de travail, la donne changerait complètement.

Lorsque l'on peut suivre ainsi une entreprise sur plusieurs années, on mesure pleinement l'intérêt d'une souveraineté nouvelle des travailleurs sur le travail et la production. C'est l'intérêt d'ailleurs de nombreuses entreprises, petites et moyennes, en France, dont l'activité dépend pour beaucoup des décisions prises par les grandes multinationales, souvent à leur détriment. Je dis à ces chefs d'entreprise : vos salariés – qui eux maîtrisent la production – veulent plus de bien au développement de l'entreprise que ces fonds de pension qui pullulent dans les conseils d'administration de vos donneurs d'ordres.

Je pense aussi à l'entreprise Camaïeu, créée chez moi, dans le Nord, au début des années 1980. Voici deux ans, j'étais aux côtés des salariés pour dénoncer la voracité des fonds de pension qui ont littéralement siphonné les ressources du groupe avant qu'il ne mette la clé sous la porte. Résultat, 2 100 licenciements et une majorité de femmes qui se retrouvent sans rien, ou presque, après vingt-cinq, trente ou même trente-cinq ans passés à travailler pour des salaires de misère. Si on les avait écoutées quand il était encore temps, une banque publique serait entrée dans le capital pour soutenir le développement de l'activité d'un groupe aujourd'hui reconnu par la population, riche de nombreux magasins et porteur d'une responsabilité sociale et économique.

Quand l'État déraille

Voilà en tout cas pour moi la première révolution démocratique : donner aux travailleurs le pouvoir de participer réellement à la gestion des entreprises. C'est aussi comme cela que l'on pourra enfin parvenir à l'égalité salariale entre les femmes et les hommes. Une injustice indigne de notre époque mais aussi une hérésie économique : l'harmonisation par le haut des salaires rapporterait en effet 10 milliards d'euros par an à la Sécurité sociale.

Ce n'est pas celui qui prétend payer qui décide, n'en déplaise au président du Medef, Geoffroy Roux de Bézieux. C'est aussi celui qui sue et qui travaille, celui qui sait produire ! Dans les entreprises, il faut pouvoir faire reculer la cupidité du capital devant l'intérêt des travailleurs et du pays. La VIe République que nous défendons est d'abord celle qui donnera enfin du pouvoir aux salariés. C'est d'ailleurs valable aussi dans les services publics. Parce que si l'État décide d'appauvrir un service public ou même de le sacrifier au nom des politiques d'austérité de Bruxelles, il faut donner aux agents, aux usagers et aux élus la possibilité de s'y opposer et de porter des propositions alternatives.

Je ne vais pas refaire ici le récit édifiant de la mise à nu de nos services publics. Je n'évoquerai qu'un secteur, tellement emblématique du combat décisif à mener pour lutter contre le dérèglement climatique : les transports. Pour réduire nos émissions de gaz à effet de serre, nous avons besoin d'investir fortement dans le développement du réseau ferroviaire. Les cheminots le réclament mais ne sont pas entendus. Entre 2017 et 2022, 1 000 kilomètres de voies ferrées ont été supprimés chaque année ! Cinq mille kilomètres en un seul mandat, essentiellement dans le fret. Cent vingt-cinq TGV seront mis à la casse d'ici 2025 sans être remplacés. Moins de trains, moins de voies ferrées et l'État pense qu'avec de telles décisions il va inciter les Français à moins prendre la voiture ? Les Régions, elles, font le choix de privatiser les TER, de les ouvrir à la concurrence. Et en même temps, elles sont confrontées au manque d'investissement de la SNCF, au manque de conducteurs, de personnel d'entretien pour les voies ferrées. Résultat des courses, dans ma région des Hauts-de-France, 1 250 TER sont programmés chaque jour, dont 10 % environ sont annulés, faute de conducteurs. Si l'on considère le transport ferroviaire comme une priorité, et les métiers qui vont avec comme prioritaires, alors on les valorise. Et on ne dégage pas entre 16 et 19 millions d'euros de bénéfices après impôts pour un service qui fonctionne aussi mal, comme la SNCF l'a fait semble-t-il, selon le conseil régional, sur le contrat TER dans les Hauts-de-France en 2020 et 2021. En Allemagne, le gouvernement vient de décider d'investir 86 milliards d'euros sur dix ans pour créer de nouvelles voies ferrées, quand la France, elle, ne consent à dépenser qu'1 milliard d'euros par an, uniquement pour entretenir le réseau existant. Cruelle comparaison.

Voilà pourquoi il est indispensable que, dans les services publics, les salariés, mais aussi les citoyens, participent aux décisions. L'État, lui, a le devoir de porter et d'accompagner les orientations prises et d'engager les moyens suffisants pour les mettre en œuvre.

Une démocratie parlementaire moderne

À côté de cette révolution culturelle à mener dans le monde du travail, notre pays a également besoin d'une réforme des institutions politiques. J'ai déjà parlé plus haut de l'instauration, en 1962, de l'élection présidentielle au suffrage universel, que nous avions dénoncée à l'époque comme une « dictature de fait ». La « monarchie présidentielle » qu'elle a d'emblée installée étouffe la vie politique nationale, comme en témoigne le sort réservé par l'exécutif au travail parlementaire. Jupiter décide et l'intendance est priée de suivre, si possible en silence. Adoptez, il n'y a rien à discuter! À bientôt 65 ans, ce régime autoritaire est mûr pour une retraite que chacun pourra estimer méritée ou non.

Nous sommes favorables, nous les communistes, à l'avènement d'un véritable régime parlementaire, incarné par une Assemblée nationale réellement représentative de tous les différents courants politiques qui traversent notre pays. C'est la raison pour laquelle nous souhaitons que tous les députés soient désormais élus à la proportionnelle. Pour ma part, je privilégie une réforme qui s'appuie sur des listes régionales plutôt que sur une seule liste nationale, conduite par quelques personnalités. Pourquoi ? Parce que je suis très attaché à la notion de député de terrain. Faire élire dans certains territoires, considérés comme « acquis d'avance », des candidats inconnus des habitants, parachutés de nulle part en fonction de critères nébuleux, n'est pas respectueux des citoyens. Je ne partage pas la vision de ces nouveaux élus de la majorité qui passent toute la semaine à l'Assemblée nationale sans jamais mettre les pieds, ou presque, dans leur circonscription. Une telle attitude contribue à la fracture démocratique. À mes yeux, un député est tout autant un élu de la nation que le représentant d'un secteur géographique. Il doit tenir des permanences, aller à la rencontre des gens, vivre sur place et bien connaître sa circonscription.

Avec une Assemblée nationale élue à la proportionnelle, nous pourrions nous passer de l'élection présidentielle au suffrage universel. La conduite effective de la politique de la France serait ainsi transférée à un ou à une chef(fe) de gouvernement choisi(e) par les députés. Le ou la président(e) de la République, de son côté, pourrait être élu(e) par les parlementaires ou un cortège de grands électeurs, comme cela se pratique dans d'autres pays, comme l'Allemagne, l'Italie, la Grèce ou Israël. Notre chef de l'État ne conserverait alors que des fonctions représentatives lors de manifestations internationales.

Nos communes, un trésor national à préserver

La véritable sentinelle de notre démocratie reste, pour moi, la commune. C'est elle qui, à travers les élus municipaux, assure ce lien de proximité si précieux avec les citoyens. Durant la crise du Covid, c'est vers les communes que les Français ont pu se tourner pour compenser les failles de l'État. Nous avons la chance d'en compter encore près de 35 000, en métropole et dans les départements d'outre-mer. Issues de la Révolution de 1789, elles représentent un trésor inestimable, unique en Europe.

Or, nos communes sont aujourd'hui terriblement fragilisées. Sous la présidence de François Hollande, elles avaient déjà perdu un peu plus de 11 milliards d'euros de dotations par an. L'arrivée d'Emmanuel Macron a signé un nouveau et terrible coup dur avec la suppression de la taxe d'habitation. Déjà en grande difficulté financière, elles sont maintenant confrontées à des factures qu'elles ne peuvent plus payer. Hausse des coûts de l'énergie, des matières premières, de l'alimentation, non compensées par l'État… La note est énorme ! Elle se chiffre à 500 000 euros pour une commune comme Saint-Amand-les-Eaux (15 870 habitants au dernier recensement) en 2022, mais elle s'élèvera à plus d'1 million d'euros en 2023 !

Partout où je vais, j'entends les mêmes cris d'alerte des maires, qui ne savent absolument pas comment faire pour payer ces sommes sauf à renoncer à des investissements déjà prévus, comme la réfection d'une école, la création d'une cantine ou l'entretien d'une rue. Pour les Départements et les Régions, qui gèrent les collèges et les lycées, les sommes à payer en plus de leurs dépenses habituelles dépassent les dizaines de millions, voire les centaines de millions ! Déjà, on découvre dans la presse que des mairies décident de baisser la température de la piscine ou le chauffage dans les classes. D'autres réfléchissent à moins garnir les assiettes dans les cantines des écoles, des collèges, des lycées. Ou sinon, ce sont les médiathèques, les théâtres qui voient leurs horaires d'ouverture réduits. C'est encore la culture qui va payer.

Le maire de Saint-Amand-les-Eaux a eu une formule remarquable lorsqu'il a pris la décision de ne pas « taper » dans les budgets d'alimentation et de chauffage de nos services publics locaux : « Je refuse que les enfants de Saint-Amand souffrent du froid ou ne mangent pas à leur faim ! » Il est tellement dans le vrai. C'est le même principe qui devrait guider le président de la République. C'est celui qui me guide en tout cas. C'est pour cette raison que nous ne lâcherons rien de notre campagne visant à soutenir nos collectivités et nos services publics et que nous nous attaquerons sans relâche à cette spéculation cupide qui provoque ces hausses de prix insupportables.

CHAPITRE 5

Un parti communiste au contact des Français

L'apport irremplaçable des partis politiques

Bienvenue les mouvements, au revoir les partis ! Voilà la petite musique qui monte toujours, mettant en cause l'existence des partis politiques, leur choix d'organisation, et moquant leurs adhérents. Avant l'élection présidentielle de 2017, le « dégagisme » ambiant prétendait renvoyer aux oubliettes non seulement les dirigeants en poste mais aussi les « vieilles » formations politiques qui les soutenaient. En lieu et place était promu le concept de mouvement, parfois présenté comme « gazeux » mais en réalité plutôt « fumeux ». Du moins à mes yeux. Car que serait notre démocratie sans partis politiques ? Sans ces organisations structurées qui font vivre le débat d'idées, avec leurs militants, leurs élus locaux, sur tout le territoire national, dans les grandes villes comme dans les campagnes ? Le vide laissé serait abyssal. Et surtout très préoccupant pour la vivacité de notre démocratie.

Les partis politiques ne sont pas sans défauts, en particulier quand ils se perdent dans des querelles personnelles. Mais ils permettent à leurs adhérents de se regrouper pour confronter leurs opinions, avancer des propositions, les soumettre à la discussion, au vote, dans la transparence. Ils offrent un cadre, des règles, et ne se réduisent pas à la dimension d'une seule personne, aussi charismatique soit-elle. Les réponses aux questions d'actualité aussi importantes que la crise énergétique, par exemple, sont élaborées au sein d'un collectif animé par des adhérents. Elles sont nourries par les discussions engagées dans les entreprises, dans les ateliers, dans les cantines ou dans les repas de famille. Une adhérente, un adhérent du Parti communiste français ne vit pas en dehors de la société. Il travaille, étudie, est engagé dans des associations, a un mandat électif dans sa commune, son département, sa région, a une vie de famille, fait des courses, touche un salaire, une retraite… Les propositions formulées ne viennent pas de nulle part, elles sont ancrées dans la réalité. Parfois, elles ne correspondent pas tout à fait aux situations vécues et il faut les revoir, les modifier, pour répondre complètement aux aspirations exprimées. Voilà à quoi sert un parti politique : à susciter la réflexion et à promouvoir l'engagement citoyen.

Si demain le secrétaire national du Parti communiste français quitte sa fonction pour une raison ou pour une autre, un ou une autre responsable prendra le relais, selon un processus défini par nos statuts. Et les idées continueront de vivre, de prospérer, car un parti, c'est un idéal, un projet de société qui dépasse le cadre d'une personne. C'est toute la différence avec un mouvement, construit autour d'un(e) chef(fe). Rarement la démocratie y est-elle convoquée pour son fonctionnement. Ses adhérents ne sont pas consultés pour déterminer ses directions, choisir ses candidats, écrire une orientation politique. Son existence même est souvent suspendue à la personnalité de celui qui l'a créé.

Prenons l'exemple d'Emmanuel Macron, qui a fondé son mouvement, En marche, uniquement en vue de l'élection présidentielle de 2017. En 2022, cinq ans après, il change de nom et s'appelle « Renaissance », histoire de ne plus porter le sale bilan du précédent quinquennat et des affaires qui lui collent à la peau. Ajoutez à cela que ce mouvement n'a pas d'instances démocratiques semblables à nos cellules, sections et fédérations, pour animer la réflexion, coordonner les actions, faire vivre les idées ou tout simplement faire remonter ce qui se dit sur le terrain. Ils ont juste nommé quelques dirigeants faisant davantage office de DRH que d'animateurs politiques. Stéphane Séjourné, qui en est le secrétaire général, est l'ancien collaborateur d'Emmanuel Macron. Si Renaissance avait la structure d'un parti traditionnel, ses adhérents entendraient toute la colère qui s'exprime dans le pays. Ses élus locaux, ils en ont peu du reste, feraient remonter le mécontentement qui grandit dans les mairies face à l'abandon du gouvernement dans la crise que nous vivons. Au lieu de cela, Renaissance est au service exclusif du président Macron qui prend ses décisions avec un petit comité, une « garde rapprochée » dont on ne connaît ni les noms ni le rôle et qui peut évoluer à tout moment si le Président le décide…

Dans un parti, ceux qui s'expriment publiquement, parce qu'ils sont élus ou dirigeants, le font dans le respect des orientations définies avec les adhérents. Au Parti communiste français, nous formons un corps militant au sein duquel la solidarité est primordiale. Ce lien nous oblige. Un adhérent du PCF mène des actions, défend des convictions, suit des formations et enracine son engagement. Il est extrêmement rare qu'il change de vote et, en plus, comme nous le disons nous-mêmes entre nous, « on est en campagne tout le temps », car on se bat sans cesse, partout, dans tout le pays, pour faire connaître notre idéal.

C'est d'ailleurs une des raisons pour lesquelles il est important d'avoir des adhérents et même d'en avoir beaucoup. Un adhérent parle de son engagement dans son lieu de travail, dans ses réunions de famille, partout où il vit. Il fait part de ses actions, de celles que nous menons, et il lui arrive d'en être à l'origine. C'est un acteur de la vie politique tous les jours de l'année, en dehors des périodes électorales. Une électrice, un électeur qui ne participe pas à des réunions politiques, n'est membre d'aucun parti, ne contribue à la vie politique qu'à l'occasion des élections. On observe d'ailleurs de plus en plus une sorte de zapping électoral. Certains peuvent même passer de la gauche à la droite, voire à l'extrême droite. Il est donc très important pour un parti comme le nôtre de s'appuyer sur de très nombreux militants, pour construire nos idées, mais aussi pour les porter sur le terrain, partout où se mènent les luttes, dans les usines, les services publics, les hôpitaux… Certains partis s'accommodent très bien d'un faible nombre d'adhérents, notamment pour ne pas s'embarrasser de la démocratie interne. Pas le Parti communiste français, dont la force résulte dans le nombre et la grande diversité de ses militants et de ses élus.

Repartir à l'écoute des Français

J'ai décidé, en tant que secrétaire national, d'aller aussi souvent que possible à la rencontre des Français, chez eux, dans leurs communes, dans leurs territoires. C'est la raison pour laquelle je suis reparti, à l'automne 2022, pour un nouveau « tour de France », bâti autour d'un mot d'ordre tout simple : « Avec vous, sans tabou. » L'occasion d'aborder tous les sujets, sans filtre, de la guerre en Ukraine à la plus petite des préoccupations du quotidien. Au programme, une quinzaine de déplacements dans l'Hexagone pendant six mois, pour répondre aux questions des Français, des militants des forces de gauche, des syndicalistes, des responsables d'association, des adhérents du parti communiste, des élus.

C'est parfois compliqué de répondre à tous, mais j'aime ces moments de partage, la diversité des questions, les tranches de vie racontées, les différents parcours professionnels… Ces réunions sont un vrai succès car elles attirent beaucoup de curieux, de citoyens intéressés qui posent des questions sur tous les sujets. Les questions fusent et je sais qu'il y a pas mal de participants non engagés au PCF car les interventions commencent souvent par « Monsieur Roussel, pouvez-vous me dire… ? » alors qu'une militante ou un militant m'interpelle en m'appelant « Fabien » et en me tutoyant. Franchement, réussir à rassembler 200 à 300 personnes chaque soir et discuter pendant deux heures de la vie politique en dehors de toute campagne électorale, c'est déjà un beau succès !

De même, dans la tournée des universités entamée en octobre, je rencontre des étudiantes, des étudiants curieux, plutôt politisés, qui ont mille questions à poser au secrétaire national du PCF. Les amphis sont à chaque fois archipleins et cela fait plutôt plaisir. L'élection présidentielle a changé beaucoup de choses, y compris dans le regard envers mon parti. J'écoute la présentation qu'ils font du PCF, de ma candidature, de mon parcours. Les commentaires qu'ils en font. Bien sûr, je fais la distinction entre l'étudiant militant et celui, non encarté, qui connaît moins nos discours, nos propositions. Ce n'est jamais dur ni caricatural. C'est toujours respectueux. Ces échanges montrent que le PCF est redevenu une force qui compte dans la vie politique nationale, y compris pour une partie de la jeunesse. La nature des questions est aussi très importante pour moi, car elle montre quelles sont leurs préoccupations, leurs interrogations. Je les remercie vivement pour leur invitation et je les incite à continuer de s'intéresser à la vie politique de leur pays.

Tout cela m'enrichit et me rend plus fort, parce que je garde en mémoire des visages et des histoires qui nourrissent mes interventions. Les témoignages poignants que je reçois, de l'agent hospitalier, du salarié de l'industrie, de l'enseignante, de l'étudiant, de la mère de famille, de l'élu local, de l'infirmière, renouvellent à chaque fois mon indignation et renforcent mon exigence de justice sociale. C'est le moteur de mon engagement politique. Je suis aussi régulièrement interpellé par des communistes sur l'avenir de la Nouvelle Union populaire écologique et sociale, sur l'avenir de la gauche. J'ai besoin de les écouter, d'échanger avec eux puis de mesurer si les réponses que j'apporte sont en phase avec ce qu'ils pensent. Je veux que nous abordions le prochain congrès du PCF, au mois d'avril 2023, au contact des Français, quelles que soient leurs opinions politiques.

Une influence synonyme de conquêtes sociales

Aujourd'hui encore, nous représentons une force importante dans le pays, avec 4 920 élus en France métropolitaine. Parmi ces femmes et ces hommes, 612 sont maires ou maires délégués, 1 260 sont conseillers communautaires, 169 sont élus départementaux et 61 au conseil régional, 12 sont députés et 14 sont sénateurs. C'est toute la richesse d'un parti que d'être ainsi représenté, au niveau local comme national, dans tous les territoires, dans les zones rurales comme dans les aires métropolitaines. C'est aussi le fruit d'une longue histoire, entamée voici plus d'un siècle et parsemée de combats au service du monde du travail. Il nous revient aujourd'hui de prolonger ces luttes, synonymes des plus grandes conquêtes sociales dans notre pays, et de renforcer l'influence de notre parti. Car c'est lorsqu'elle était au plus haut que les salariés, les travailleurs, ont obtenu les avancées les plus significatives. Le PCF était le premier parti de France quand Maurice Thorez, lors de la conférence nationale de juin 1934, a jeté les bases du futur Front populaire, auquel on doit, parmi d'autres conquêtes, les congés payés et l'instauration des délégués du personnel, qui a ouvert la voie à la création des comités d'entreprise en 1945.

Au sortir de la Seconde Guerre mondiale, les ministres communistes, portés par une puissante représentation populaire, ont joué un rôle déterminant au sein du gouvernement dirigé par le général de Gaulle. En octobre 1945, la Sécurité sociale a ainsi vu le jour sous l'impulsion d'Ambroise Croizat, ministre du Travail, tandis que Marcel Paul, ministre de la Production industrielle, a proposé la nationalisation de l'énergie et organisé la création d'EDF-GDF, votée le 8 avril 1946. Lors des événements de mai 1968, les communistes ont encore pesé de tout leur poids, aux côtés des syndicats, pour imposer une hausse du Smic de 35 %, en dépit des cris d'orfraie du patronat annonçant une faillite qui n'est jamais venue. En 1972, le programme commun de la gauche a traduit les aspirations du grand mouvement social de 1968 et préparé la victoire de mai 1981. Fort d'un score important au premier tour de la présidentielle, le Parti communiste français a soutenu des avancées essentielles telles que la cinquième semaine de congés payés, les 39 heures de travail hebdomadaire, la retraite à 60 ans et la création de l'impôt de solidarité sur la fortune, pour lequel Georges Marchais avait fait campagne. Les grandes conquêtes sociales sont donc directement liées à l'influence du parti communiste.

À l'inverse, lorsque celui-ci est affaibli, les travailleurs « prennent cher ». Très cher, même. Leurs représentants ne sont pas assez nombreux pour s'opposer à l'entreprise de destruction sociale menée par les libéraux. Voilà pourquoi il est si important pour le Parti communiste français de retrouver dans les années qui viennent un rayonnement suffisant pour mener de nouvelles conquêtes sociales et renforcer le poids de la gauche dans le pays, une gauche de transformation sociale, de rupture avec le capitalisme.

Être communiste en 2023

C'est quoi, être communiste aujourd'hui ? Très prisée des journalistes, la question m'est également souvent posée lors de mes rencontres sur le terrain. Comme s'il fallait, encore et toujours, justifier d'un engagement puisé aux sources d'une analyse du capitalisme et de conceptions révolutionnaires nées au XIXe siècle. Soit. La pensée de Karl Marx et d'Engels n'est-elle pas toujours d'actualité ? Car qu'est-ce que le communisme, si ce n'est la mise en commun contre l'appropriation privée qui dévaste l'humain et la planète ? Or, cette aspiration à faire prévaloir les biens communs grandit partout à travers le monde. La flambée des prix de l'énergie, la spéculation indécente sur des produits de première nécessité, les tensions autour de l'accès à l'eau, sources de tant de désastres écologiques, incitent à de puissantes remises en cause. La répartition des richesses tout autant que nos modes de production n'ont jamais été autant questionnés. Le rôle du Parti communiste français est de formaliser dans un programme politique cette exigence d'une société plus juste, plus responsable, plus respectueuse de l'environnement et des hommes. C'est aussi de promouvoir les idées que nous défendons dans toutes les assemblées, du local au national comme à l'Assemblée nationale et au Sénat, à travers des textes de loi porteurs de solutions alternatives au modèle libéral. En d'autres termes, être communiste en 2023, c'est ouvrir des perspectives en démontrant qu'il est possible d'augmenter les salaires, de faire baisser tout de suite le coût de l'énergie, de retrouver notre souveraineté industrielle, de peser sur les décisions dans les entreprises et de reprendre le pouvoir à la finance…

Mais dans un pays en souffrance comme le nôtre, rongé par l'inflation, miné par la précarité énergétique, le premier devoir des communistes, c'est la solidarité. C'est entrer dans toutes les maisons et faire vivre cette solidarité, nécessaire face à la dureté de la vie, comme nous l'avons fait pendant la pandémie. Distribution de denrées alimentaires, de fruits et légumes à prix coûtant, organisation des locataires contre la hausse des loyers ou des charges, lutte contre l'augmentation des prix des transports ou la dégradation d'un service public… Ces derniers mois, les communistes se sont pleinement engagés dans leurs villes, dans leurs départements, pour mener des actions collectives contre l'inflation ou la casse d'un service public : pétition sur les transports « Stop galère » en Île-de-France, mobilisation de locataires dans de nombreux départements, mobilisation contre les hausses de la facture énergétique à Montataire (Oise) ou à Saint-Étienne-du-Rouvray (Seine-Maritime), pour la réouverture de lignes ferroviaires dans le Finistère, pour la protection des élevages de plein air dans les Landes... Je pourrais écrire un livre entier sur tous ces combats menés dans toute la France sur des sujets du quotidien. Sans compter les campagnes nationales, comme celle pour l'obtention d'un référendum sur la réforme des retraites voulue par Emmanuel Macron, avec la pétition sur unebonneretraite.fr.

Être communiste, c'est se mettre à l'écoute, connaître le quotidien de ceux auxquels on s'adresse, mais c'est aussi proposer, lutter, construire de l'espoir. C'est à partir des problèmes très concrets que l'on trouve les meilleures réponses, avec tout le monde, sans œillères. Nous faisons aussi le choix, en tant qu'élus, de traiter des questions individuelles. C'est très important et les gens attendent aussi cela de nous. Toutes les formations politiques ne font pas ce choix de la proximité. Pour nous, c'est une marque de fabrique. C'est aussi une manière de prendre la température et de sentir ce qui monte dans le pays. Dans ma circonscription, beaucoup de gens me parlent de leurs difficultés pour toucher leur retraite, pour percevoir des allocations auprès d'une maison départementale des personnes handicapées ou tout simplement de la caisse d'allocations familiales. Face à tous ces problèmes d'accès, nous plaidons pour un renforcement des services publics, abîmés par les libéraux depuis des décennies. À travers cet engagement dans la proximité, nous montrons notre utilité, auprès des citoyens, individuellement, comme auprès d'un collectif. C'est comme cela, dans l'action, que nous voulons incarner notre idéal. Un idéal de partage, de paix, de fraternité, dont la racine est « commune ». Un idéal à l'opposé de l'individualisme, du repli sur soi et de la préférence nationale, que certains voudraient imposer dans notre pays. Voilà pourquoi le communisme aujourd'hui est un combat qui reste plus que jamais d'actualité.

Pas de comparaisons avec les autres partis communistes

On ne peut faire aucune comparaison avec les autres partis communistes dans le monde. Le parti communiste chinois et le parti communiste cubain n'ont par exemple rien à voir entre eux. Ils ne vivent pas la même situation. Le blocus subi par le peuple cubain amène les dirigeants à prendre des décisions en rapport avec les restrictions imposées. Je m'y suis rendu en fin d'année 2022 avec une délégation du PCF. J'ai pu rencontrer le président de la République Miguel Diaz-Canel. Le pays est en état de guerre permanent et c'est extrêmement douloureux, surtout en pleine pandémie. Le 3 novembre 2022, l'Assemblée générale de l'ONU a voté à une écrasante majorité une résolution annuelle sur la « nécessité de lever le blocus économique, commercial et financier, imposé à Cuba par les États-Unis ». C'est la trentième fois que l'organisation vote une telle résolution. Seuls les États-Unis et Israël s'y sont opposés, tandis que le Brésil et l'Ukraine se sont abstenus. Il est urgent de mettre fin à cette ignominie que rien ne justifie et qui a été renforcée par Donald Trump avant son départ de la Maison-Blanche en novembre 2020.

Je proposerai aux communistes lors de notre congrès de lancer une grande campagne de solidarité avec Cuba pour aider d'abord les habitants à faire face à ce blocus. Avec toutes les associations de solidarité, les syndicats, les collectivités qui le souhaitent, nous pouvons jouer un rôle déterminant dès cette année 2023 pour aider le peuple cubain mais aussi pour que la France s'engage davantage contre le blocus le plus dur et le plus long jamais imposé à un pays.

La Chine, c'est tout autre chose. Le pays compte plus de 1,4 milliard d'habitants, il est en pleine expansion et, dans une économie mondialisée, il est perçu comme la puissance émergente susceptible de dépasser les États-Unis dans les prochaines années. Il a fait le choix du parti unique, seul habilité à diriger et à déterminer les grandes orientations stratégiques, dans le but de maintenir une forme de stabilité économique et politique. Nous ne partageons pas cette conception, qui ignore le pluralisme consubstantiel à la vie démocratique. La France a une histoire bien différente. Nous avons avec les dirigeants chinois des « discussions » franches, au cours desquelles nous exprimons des désaccords. Je suis un farouche partisan du dialogue, toujours préférable aux « bouderies » qui conduisent à l'absence de relations.

Ce qui est en train de se passer en Amérique latine est extrêmement intéressant. La majorité des pays a voté à gauche. Lula, au Brésil, est le dernier à incarner cette tendance, après le Mexique, la Colombie, le Chili… Il va falloir maintenant être attentif à la manière dont ces pays vont être soutenus, ou pas, dans leur volonté de promouvoir des lois de justice sociale et une meilleure répartition des richesses. Quelles réponses va notamment apporter l'Union européenne alors que tant de défis sont à relever, à commencer par la lutte contre le dérèglement climatique, qui nécessite à la fois des investissements publics colossaux et le renoncement à des pratiques commerciales incompatibles avec la sauvegarde de la planète.

Je formule le vœu que l'instance européenne, très libérale, adepte de choix fondamentalement différents, ne tourne pas le dos à tous ces régimes progressistes. Nous avons besoin de nouer des liens privilégiés avec le continent sud-américain pour tenir nos objectifs environnementaux et promouvoir le multilatéralisme dans le monde.

Une voix qui porte à nouveau à gauche depuis 2018

Mon bilan en tant que secrétaire national est d'abord un bilan collectif. C'est celui de tous les communistes qui, depuis 2018 et le dernier congrès, ont fait des choix clairs. Ce fut un congrès historique dans la mesure où les adhérents ont choisi de soutenir en majorité un texte qui n'était pas celui de la direction sortante. La direction actuelle est le reflet de ce changement.

Mais ce que je retiens surtout, ce sont les événements survenus durant ces quatre années. Et on peut dire que nous avons vécu des années particulièrement éprouvantes, mouvementées, exceptionnelles. Mouvement inédit des

Gilets jaunes pendant des mois, épidémie historique de Covid, élections européennes, municipales, cantonales, régionales, présidentielle et législatives, guerre en Ukraine, urgence climatique, catastrophes naturelles en cascade, et tout cela sur fond de crise économique et sociale majeure pour les peuples d'Europe, dont le nôtre, avec une perte de pouvoir d'achat sans précédent. Nous avons tout vécu... et nous avons survécu ! Oui, ce que nous avons traversé en tant que force politique durant ces quatre ans est particulièrement exceptionnel. C'est valable pour la direction du PCF comme pour chaque adhérent, chaque élu impliqué sur le terrain durant cette période.

Je suis fier de tout ce que nous avons réalisé, de notre présence aux côtés des Gilets jaunes, de la solidarité durant l'épidémie et du rôle des élus communistes, des adhérents. Nous nous sommes pleinement engagés, nous avons défendu la vaccination, dénoncé les « Big Pharma », animé la solidarité locale, et c'est durant de telles périodes que nous montrons toute l'utilité d'un parti, des élus communistes présents sur tout le territoire.

Les élections qui se sont succédé, dont celles des municipales coupées en deux par la pandémie, ont montré également que nous sommes une force à gauche, une force de rassemblement. Je dirais même que nous sommes redevenus aujourd'hui une force qui compte dans le pays, comme en Europe, pour proposer un chemin, une voie à gauche permettant de construire une alternative au capitalisme. Cette voie, c'est celle que la France devra emprunter pour répondre à la crise subie par les Français. Ces réponses, nous les avons construites au fil de ces quatre années, dans les débats et les confrontations d'idées. J'y ai apporté ma part, en multipliant les rencontres dans tout le pays. Je n'ai pas calculé le nombre de kilomètres et le nombre de personnes avec qui j'ai échangé, mais cela doit se compter en dizaines de milliers !

En cinq ans, j'ai fait quatre tours de France. Dès mon élection à l'Assemblée nationale, en 2017, j'ai présidé une quarantaine de réunions publiques, dans tout le pays, pour présenter le budget du « Président des riches ». Je n'étais pas encore secrétaire national, mais j'avais rencontré beaucoup de monde en quelques mois, en tant que membre de la commission des finances en charge d'examiner le projet de loi de finances. J'ai ensuite réalisé un deuxième tour de France en 2019, à l'issue des élections européennes, pour aller à la rencontre du monde du travail. J'en ai largement rendu compte dans mon précédent livre, *Ma France*. Menée en partie durant la pandémie, cette nouvelle série de rencontres nous a été précieuse pour élaborer le programme de la présidentielle. Mon troisième tour de France s'est déroulé pendant la campagne de l'élection présidentielle, durant laquelle j'ai visité de nombreuses capitales régionales. Vingt-sept meetings en l'espace de six mois, sans compter les « grands oraux » thématiques. Puis, à l'issue de cette séquence électorale, j'ai tenu à retourner à la source, mais cette fois-ci en réalisant un tour de France des sous-préfectures, à la rencontre de ces Français oubliés de la République dans nos 13 régions métropolitaines. Bien sûr, ce qui a marqué notre parti durant cette période, c'est cette élection présidentielle. Nous partions de loin, de très loin même! La belle campagne de Ian Brossat aux élections européennes nous avait permis de mener pour la première fois depuis longtemps une campagne nationale et de faire connaître nos idées aux Français. Ce fut une campagne réussie, qui a révélé une tête de liste hors pair, capable de rivaliser avec les autres candidats lors des émissions télévisées. Ian et toute la liste qu'il conduisait nous ont représentés dignement. Certes, nous n'avons pas réussi à gagner d'élus et c'est le grand regret de cette élection, mais nous avons su montrer aux Français que le parti communiste est encore là pour porter leur voix, défendre notre souveraineté économique, industrielle, démocratique, sans repli sur soi, sans nationalisme.

L'élection présidentielle s'est tenue deux ans après. Malgré un score décevant, le Parti communiste français, à la faveur de cette élection, est redevenu une force qui compte dans le pays. Chaque militant communiste, chaque élu peut mesurer les effets positifs de cette campagne dans notre activité du quotidien, dans notre relation avec les Français, dans les débats liés aux multiples crises que vit notre pays. Jamais nos tracts n'ont été aussi bien accueillis sur les marchés, devant les entreprises. Les oreilles s'ouvrent plus grand quand les militants parlent et proposent d'agir. Tant mieux. Nous pouvons être fiers de la campagne que nous avons menée et qu'il faut, elle aussi, ranger dans la colonne « positif » du bilan. Et ce n'était pas gagné d'avance.

La danse du ventre de l'extrême droite et le trouble dans les têtes

Tout cela résulte du choix des adhérents, en novembre 2018 à Ivry-sur-Seine, d'exprimer et de défendre nos propositions originales et de les soumettre au vote des Français. C'est l'essence même d'une force politique que de participer aux élections. Le programme des Jours heureux est plus que jamais d'actualité. La révolution du travail, la bataille pour le climat, la reconquête de notre souveraineté industrielle, l'indépendance énergétique, l'autonomie alimentaire restent nos objectifs, tout autant que la promotion de la laïcité, la fin du patriarcat, la lutte contre le racisme et l'antisémitisme, dont nous avons tellement besoin pour vivre ensemble. Ces différents choix, j'en suis convaincu, vont faire leur chemin à gauche. Je perçois d'ailleurs depuis quelques mois maintenant des signes encourageants, des sondages favorables, qui témoignent de la progression de nos idées. C'est extrêmement important à mes yeux. Car, dans le même temps, j'observe une très forte poussée des thèmes de l'extrême droite, l'émergence d'un racisme décomplexé, à l'image de l'invective lamentable d'un député du Rassemblement national le 3 novembre 2022, sanctionnée d'une exclusion de l'Assemblée nationale pendant quinze jours. Ce racisme décomplexé tue aussi. C'est lui qui a armé la main du tueur de trois militants kurdes le 23 décembre 2022.

C'est pourquoi il est de notre devoir de ne pas céder un pouce de terrain. À nous, les progressistes, les militants de gauche, les syndicalistes, d'aller à la confrontation idéologique avec nos concitoyens, avec les salariés. Il y a aujourd'hui beaucoup de trouble dans les têtes, l'idée que la préférence nationale, le repli sur soi constituent des solutions de plus en plus « valables » pour les Français. C'est dur d'entendre ça. Dans ma circonscription, il m'arrive parfois, au détour d'une discussion, en buvant une bière, d'entendre mon interlocuteur me dire : « Mais enfin, monsieur Roussel, pourquoi ne pas vous allier avec Marine Le Pen pour battre Macron ? » Une telle interpellation est loin d'être anodine. Car l'extrême droite l'entend elle aussi. Et c'est pour cela qu'elle vient faire la danse du ventre à la gauche, qu'elle vote ses motions de censure, alors même que nos propositions sont radicalement différentes des siennes. Elle sème le trouble à dessein. Aussi vais-je le réaffirmer ici haut et fort : jamais nous ne pourrons nous unir avec l'extrême droite. Jamais. Y compris pour renverser un gouvernement par une motion à l'initiative du RN. Sinon, cela légitimerait la critique xénophobe et raciste que cette force développe.

Partir du réel

À la veille de son congrès d'avril 2023, le Parti communiste français doit plus que jamais être ancré dans le réel. Et la réalité qui s'impose, c'est une crise sociale et démocratique d'une ampleur inédite depuis des décennies. Quand 26 millions de Français s'abstiennent de voter, comme aux législatives de 2022, le signal envoyé est on ne peut plus clair : la machine est en panne. Le réel, c'est donc aussi cette poussée de l'extrême droite, bien plus visible dans la ruralité que dans les grandes villes. Ne passons surtout pas à côté de cette réalité, qui interroge nos discours, notre approche des gens, notre qualité d'écoute. Bien sûr, le parti communiste a le devoir d'apporter des réponses fortes, cohérentes, politiques, crédibles, en phase avec les attentes des Français. Mais nous ne sommes pas les seuls. D'autres à gauche défendent des mesures intéressantes. Et un certain nombre de propositions communes issues du programme écrit avec les autres forces de gauche et écologistes doivent continuer à être portées ensemble.

Le débat ne consiste pas en une alternative entre travailler au rassemblement ou nous replier sur nous-mêmes et ne peut pas se formuler en « pour ou contre la Nupes ». Il porte sur le projet de société et la cohérence de nos propositions. Il porte également sur la nécessité de faire du monde du travail et de la création la force motrice du changement, parce qu'il représente l'immense majorité d'une société comme la nôtre. Enfin, nous considérons comme essentielle la construction d'une mobilisation populaire durable pour obtenir de nouvelles avancées en termes de progrès social, écologique et démocratique.

Nous avons des différences à gauche et ce n'est pas une faiblesse. Au contraire, elles sont l'occasion de convaincre celles et ceux qui doutent, qui ne sont pas convaincus par l'alliance et l'image qu'elle renvoie. On me demande souvent comment je me sens au sein de cette Nouvelle

Union populaire écologique et sociale. Pour être sincère, je la trouve un peu étriquée. Parfois dure quand elle envoie le signal « silence dans les rangs et alignement derrière LFI ». Je rêve d'une coalition des forces de gauche et écologistes élargie, au-delà d'un rassemblement des quatre composantes actuelles, une alliance qui se construirait d'abord avec les citoyennes et les citoyens, avec les Français dans leur diversité, bien au-delà de nos forces militantes respectives. Nous avons besoin d'un rassemblement populaire avec un objectif : qu'il devienne majoritaire.

Je souhaite que communistes, insoumis, écologistes et socialistes et tant d'autres, nous puissions faire vivre un débat à égalité et sain à gauche, qui respecte l'autonomie et les particularités de chacun.

L'enjeu, qui doit être au cœur des débats de notre prochain congrès et dans le pays tout entier, c'est de construire ce projet pour la France, pour l'Europe, pour la paix, pour la planète, qui nous rassemble. L'enjeu, c'est de convaincre encore plus de monde, de renforcer le PCF, son influence, et donc de renforcer toute la gauche pour qu'elle gagne !

Quelle stratégie pour les élections ?

Quel rôle va jouer le PCF lors des grands rendez-vous à venir ? La question sera naturellement à l'ordre du jour du prochain congrès. C'est le propre d'un parti de décider collectivement. Nous avions écrit, dans le texte majoritaire du 38e congrès de 2018, que le PCF a vocation à présenter des candidats aux élections nationales et européennes. Nous devons à mon sens conserver ce principe tout en restant libres d'évaluer la situation à chaque scrutin et de juger s'il est opportun de présenter un candidat et un programme.

Les élections européennes, à cet égard, constituent un test important. Elles auront lieu dans un an, en 2024, et nous avons encore le temps d'y réfléchir avant de trancher. Mais nous savons déjà qu'au sein de la Nouvelle Union populaire écologique et sociale il existe des orientations différentes sur cette question. Certains pensent pouvoir s'accommoder des traités actuels, les aménager à la marge et construire une Europe fédérale. D'autres pensent que la désobéissance aux traités suffirait à imposer la position de la France en Europe. Pour notre part, nous combattons les traités européens et voulons agir immédiatement pour une union de nations et de peuples libres, souverains et associés.

Nous estimons que l'Union européenne n'a pas tenu les promesses qu'elle proclamait à ses débuts : elle n'a pas pu empêcher la guerre et n'a pas amené la prospérité qui était attendue. Elle a laissé se développer le dumping social, favorisé, voire organisé l'évasion fiscale, tandis que, selon un sondage publié le vendredi 4 novembre 2022 par le Secours populaire et mené dans six pays européens, une personne interrogée sur quatre déclare être dans une situation précaire et faire face à des difficultés financières et matérielles. Selon cette même enquête, plus de 40 % des Européens sont obligés d'emprunter occasionnellement de l'argent à leurs proches. Voilà pourquoi nous sommes convaincus de la nécessité d'agir simultanément pour de nouveaux traités, respectueux de la souveraineté des peuples, ambitieux pour les services publics, libérant la Banque centrale des marchés financiers. C'est indispensable et il serait juste que nous puissions rassembler largement autour de ces propositions lors des élections européennes de mai 2024. Nous avons le devoir d'empêcher que des contradictions persistantes entre les différentes propositions de gauche profitent au Rassemblement national.

Pour la présidentielle, nous avons bien le temps d'en discuter. L'expérience née de notre campagne pour une France des Jours heureux est un précieux acquis. L'écho rencontré par nos propositions dépasse largement le résultat obtenu. Nous manquions pourtant de repères et je souffrais d'un déficit de notoriété considérable. Ce n'est plus le cas aujourd'hui et nous devrons analyser en temps voulu la situation du pays et l'état de nos forces. Une nouvelle fois, nous serons amenés à prendre une décision collective, comme nous savons le faire. Elle devra être mûrement réfléchie et toujours porteuse d'espoir, dans la ferme intention de faire gagner la gauche. Tout est ouvert pour atteindre cet objectif.

Fier d'être communiste

Bon nombre de camarades ou de gens qui ont voté pour moi sans être communistes m'interpellent parfois sur le nom de notre parti. En changer serait, selon eux, un bon moyen de récolter davantage de voix. Il est vrai que l'appellation

« communiste » a été tellement détournée de son sens au cours de l'histoire par des forces qui s'en sont réclamées et a fait l'objet de tant de campagnes de dénigrement qu'elle a considérablement perdu de son audience. Malgré tout, je pense que les Français, à travers le travail des élus communistes et des adhérents qu'ils connaissent, savent faire la part des choses entre les idées que l'on défend et le nom du parti qui les incarne. Les partis ou les mouvements qui changent de dénomination tous les deux ou trois ans non seulement n'en retirent aucun bénéfice mais bien souvent se perdent en route.

Je suis fier d'être le secrétaire national d'un parti qui joue un rôle dans l'histoire de France depuis plus d'un siècle, qui a contribué à tant de grandes conquêtes sociales, a lutté, avec d'autres, contre les nazis, s'est opposé aux guerres coloniales, a œuvré sans relâche pour la paix et l'émancipation des peuples. Je n'ignore pas que nous avons aussi connu des heures plus sombres, mais c'est le lot de toutes les aventures humaines au long cours. Notre force, ce sont nos racines. Elles sont solides et on ne peut nous effacer d'un trait de plume.

Je souhaite poursuivre, dans les années qui viennent, la reconquête de notre influence, telle que nous l'avons amorcée. Déjà, nous avons retrouvé une place dans le paysage politique. Mais il faut faire mieux. Nous devons avoir plus d'adhérents, être davantage présents dans les entreprises, dans les lieux d'emploi, savoir parler au monde du travail et de la création, aux ouvriers, aux techniciens, aux paysans, aux fonctionnaires catégorie C et B comme aux cadres, aux ingénieurs et aux bac + 5! Nous devons devenir un parti encore plus populaire pour être présent partout, dans chaque village, dans chaque quartier, dans chaque immeuble, dans chaque atelier. Nous avons besoin de renforcer notre politique de cadres pour former plus de dirigeants, comme nous le faisions avant. Nous avons besoin d'élus en plus grand nombre bien sûr, du Parlement aux villages de France, car c'est bien souvent à travers elles, à travers eux, que nous montrons l'utilité des communistes, du PCF. Nous devons aussi faire en sorte que davantage de dirigeants s'expriment dans les médias, pour ferrailler sur les plateaux et défendre nos convictions. Nous avons besoin de faire émerger de nouvelles têtes. C'est dans cet esprit que j'ai proposé à Guillaume Roubaud-Quashie, Barbara Gomes et Léon Deffontaines d'être porte-parole de la campagne présidentielle. Il faut continuer dans cette voie-là, pour occuper le terrain médiatique, aux côtés de nos parlementaires. D'autres partis sont pour l'heure mieux organisés que nous en ce domaine.

J'aimerais que nous puissions également développer nos relations avec des forces communistes et de gauche dans les territoires d'outre-mer, qui portent des propositions en prise avec des réalités très différentes, de la Polynésie aux Antilles, en passant par La Réunion et la Guyane.

Étendre toujours plus notre influence avec des cadres et des militants pugnaces, voilà notre feuille de route. Celle d'un grand parti au service de la fraternité humaine, de la liberté, de la paix, mais aussi au service du monde du travail, qui doit, comme disait Jaurès, « refaire de la dignité de la classe ouvrière la richesse de la nation ».

TABLE DES MATIÈRES

Chapitre 2
Ce que la présidentielle nous a appris

Chapitre 3
La Nupes, une construction dans la douleur

Chapitre 4
Ce plafond de verre que la gauche doit briser

Cet ouvrage a été achevé d'imprimer sur Roto-Page
par l'Imprimerie Floch à Mayenne en février 2023
N° d'édition : 17577/02 – N° d'impression : 102076
Imprimé en France